Marc Dalmau

Plates-formes et virtualisation pour maîtriser la complexité

Marc Dalmau

Plates-formes et virtualisation pour maîtriser la complexité

Complexité, réalité et virtualité dans les ordinateurs

Éditions universitaires européennes

Mentions légales/ Imprint (applicable pour l'Allemagne seulement/ only for Germany)

Information bibliographique publiée par la Deutsche Nationalbibliothek: La Deutsche Nationalbibliothek inscrit cette publication à la Deutsche Nationalbibliografie; des données bibliographiques détaillées sont disponibles sur internet à l'adresse http://dnb.d-nb.de.
 Toutes marques et noms de produits mentionnés dans ce livre demeurent sous la protection des marques, des marques déposées et des brevets, et sont des marques ou des marques déposées de leurs détenteurs respectifs. L'utilisation des marques, noms de produits, noms communs, noms commerciaux, descriptions de produits, etc, même sans qu'ils soient mentionnés de façon particulière dans ce livre ne signifie en aucune façon que ces noms peuvent être utilisés sans restriction à l'égard de la législation pour la protection des marques et des marques déposées et pourraient donc être utilisés par quiconque.

Photo de la couverture: www.ingimage.com

Editeur: Éditions universitaires européennes est une marque déposée de
Südwestdeutscher Verlag für Hochschulschriften GmbH & Co. KG
Dudweiler Landstr. 99, 66123 Sarrebruck, Allemagne
Téléphone +49 681 37 20 271-1, Fax +49 681 37 20 271-0
Email: info@editions-ue.com
Agréé: Bayonne, université de Pau et des Pays de l'Adour, habilitation à diriger des recherches, 2008

Produit en Allemagne:
Schaltungsdienst Lange o.H.G., Berlin
Books on Demand GmbH, Norderstedt
Reha GmbH, Saarbrücken
Amazon Distribution GmbH, Leipzig
ISBN: 978-613-1-52360-1

Imprint (only for USA, GB)

Bibliographic information published by the Deutsche Nationalbibliothek: The Deutsche Nationalbibliothek lists this publication in the Deutsche Nationalbibliografie; detailed bibliographic data are available in the Internet at http://dnb.d-nb.de.
 Any brand names and product names mentioned in this book are subject to trademark, brand or patent protection and are trademarks or registered trademarks of their respective holders. The use of brand names, product names, common names, trade names, product descriptions etc. even without a particular marking in this works is in no way to be construed to mean that such names may be regarded as unrestricted in respect of trademark and brand protection legislation and could thus be used by anyone.

Cover image: www.ingimage.com

Publisher: Éditions universitaires européennes is an imprint of the publishing house
Südwestdeutscher Verlag für Hochschulschriften GmbH & Co. KG
Dudweiler Landstr. 99, 66123 Saarbrücken, Germany
Phone +49 681 37 20 271-1, Fax +49 681 37 20 271-0
Email: info@editions-ue.com

Printed in the U.S.A.
Printed in the U.K. by (see last page)
ISBN: 978-613-1-52360-1

Résumé

Les applications que nous utilisons tous les jours se caractérisent par une complexité croissante. Ceci est dû d'une part à l'évolution du contexte dans lequel elles s'exécutent : répartition, hétérogénéité et, depuis peu, mobilité, d'autre part, aux exigences des utilisateurs : forte interactivité, interfaces graphiques dynamiques, multimédia et également mobilité.

À chacune de ces évolutions ont correspondu des réponses par le biais de la virtualisation. En effet, la création d'un environnement virtuel d'exécution permet la prise en charge, par cet environnement, d'une part de cette complexité. Il est alors possible de concevoir des applications manipulant des objets complexes créés par les couches logicielles de virtualisation (APIs, langages, bibliothèques, services de l'intergiciel). De même ces applications peuvent s'exécuter sur des plates-formes qui cachent les supports sous-jacents (systèmes d'exploitation, machines virtuelles, serveurs d'applications).

Parallèlement les processeurs ont vu leurs performances augmenter de façon à pouvoir absorber le surcoût de traitement induit par ces diverses couches logicielles de virtualisation. Cette évolution s'est faite, dans un premier temps, de façon transparente pour les programmeurs. Toutefois cette augmentation des performances atteint depuis très peu de temps ses limites théoriques et les constructeurs se sont naturellement tournés vers des solutions de type multiprocesseurs. Les plates-formes et les machines virtuelles constituent des réponses à cette évolution car elles peuvent s'exécuter en parallèle des applications sur un ou plusieurs processeurs et prendre en charge une partie non négligeable de l'activité de ces applications. Le parallélisme des processeurs peut alors être pleinement exploité de façon transparente aux créateurs de ces applications.

Le domaine de recherche abordé dans ce document est celui des plates-formes en tant qu'outils permettant de répondre à la complexité croissante des applications. Cette complexité peut et doit être traitée à tous les niveaux de la conception, à la réalisation jusqu'à l'exploitation. Toutefois les travaux présentés dans ce mémoire ne s'intéressent qu'aux aspects de réalisation et d'exploitation, plus particulièrement aux plates-formes de déploiement et d'exécution d'applications.

Le premier point clé est celui de l'interaction entre l'application et la plate-forme. Il est, en effet, indispensable au bon fonctionnement de l'ensemble que la plate-forme ait connaissance des évolutions de l'application mais aussi que l'application puisse rester cohérente avec les modifications de la plate-forme. Dans ce mémoire on distingue les approches non intrusives qui consistent à signaler à l'application certaines modifications d'état de la plate-forme, celle-ci pouvant ou pas en tenir compte pour modifier son propre état et les approches intrusives qui consistent, au contraire, à intervenir de force sur l'état de l'application.

L'autre point clé est celui de la cohérence entre les états des diverses couches de virtualisation utilisées. Les machines virtuelles sont les formes les plus universelles de plates-formes c'est-à-dire celles proposant un support pour tout type d'application. Leur étude montre qu'elles ne peuvent fonctionner que si l'on peut assurer que leur état et celui de la couche sous-jacente soient isomorphes.

Les travaux présentés dans ce document s'intéressent essentiellement à l'interaction entre plate-forme et application. Ils fournissent un éclairage sur ce qui pourrait être leur suite logique : la possibilité de rendre virtualisables ces plates-formes c'est-à-dire de les doter des propriétés leur permettant d'accueillir d'autres plates-formes. Par ce biais il devient possible de proposer des plates-formes légères, très spécialisées mais juxtaposables et interchangeables. Ainsi, selon les critères choisis pour une application et selon le support matériel sur lequel elle s'exécutera, on pourrait lui adjoindre plus ou moins de niveaux de virtualisation. Par ailleurs, en cours d'exécution et en fonction du contexte, il devient possible de dynamiquement ajouter ou enlever des plates-formes. Enfin, une telle approche permet d'envisager la mise en place de mécanismes de migration des plates-formes elles-mêmes et d'offrir ainsi un puissant outil d'adaptation dynamique du logiciel.

Mots clés : plates-formes, virtualisation, complexité, adaptation dynamique, architectures logicielles.

Sommaire

Chapitre III - Plates-formes intrusives 51

Remerciements

Je tiens tout d'abord à remercier les membres du jury et tout particulièrement messieurs Didier Donsez, Daniel Hagimont et Jean Christophe Lapayre pour avoir accepté de rapporter sur ce mémoire. Leurs conseils m'ont été très utiles et m'ont beaucoup aidé à mener à bien ce mémoire. Je remercie également Congduc Pham pour m'avoir soutenu dans cette entreprise, Serge Chaumette pour avoir apporté sa compétence à ce jury et Roland Facca bien qu'il soit coupable de m'avoir mis le doigt dans l'engrenage de la recherche.

Je remercie également les collègues enseignants et non enseignants du département informatique de l'IUT de Bayonne pour avoir su créer une ambiance de travail agréable et avoir toujours répondu présents lorsque l'on avait besoin d'eux ainsi que pour m'avoir accordé leur confiance et leur soutien sans faille dans ma tâche de direction du département. Grâce à eux la salle café est un véritable lieu de détente dans lequel J.M. Gourio pourrait venir glaner de savoureuses brèves de comptoir.

Une pensée toute particulière va à Ghislaine et Ginette, les secrétaires du département qui ont, avec beaucoup de tact, accepté que je sois un peu moins disponible lorsque je me consacrais à la rédaction de ce mémoire.

Un merci tout particulier à Sophie Laplace pour avoir relu ce mémoire et m'avoir éclairé de ses remarques toujours pertinentes.

Je n'oublie surtout pas, dans ces remerciements, tous les thésards et stagiaires avec lesquels j'ai eu l'honneur de travailler et qui ont apporté à mes travaux une aide précieuse. Qu'ils sachent que le plaisir de les encadrer dans leur recherche a été et restera ce qui m'a toujours le plus fortement motivé dans mon activité d'enseignant chercheur.

Pour terminer il convient d'ajouter que ce mémoire n'aurait sans doute pas vu le jour sans Philippe Roose qui m'a motivé, houspillé, encouragé, critiqué ... pour tout dire beaucoup aidé, toujours dans la bonne humeur et avec le sourire. Plus qu'un collègue j'ai trouvé en lui un ami.

Introduction

Les applications que nous utilisons tous les jours se caractérisent par une complexité croissante. Ceci est dû d'une part à l'évolution du contexte dans lequel elles s'exécutent : répartition, hétérogénéité et, depuis peu, mobilité, d'autre part, aux exigences des utilisateurs : forte interactivité, interfaces graphiques dynamiques, multimédia et mobilité.

À chacune de ces évolutions ont correspondu des réponses par le biais de la virtualisation. Nous prendrons dans ce qui suit le mot "virtuel" dans son acception philosophique c'est-à-dire : "qui s'oppose à actuel et non à réel" [29]. Les approches par virtualisation consistent donc à créer des environnements de développement et d'exécution des applications qui ne sont pas celles qu'offrent actuellement les processeurs et les réseaux mais qui sont tout aussi réels.

Il est alors possible de concevoir les applications en manipulant des objets complexes créés par des couches logicielles de virtualisation (APIs, langages, bibliothèques, services de l'intergiciel). De même ces applications s'exécutent sur des plates-formes qui cachent des supports sous-jacents (systèmes d'exploitation, machines virtuelles, serveurs d'applications).

Parallèlement les processeurs ont vu leurs performances augmenter de façon à pouvoir absorber le surcoût de traitement induit par ces diverses couches logicielles de virtualisation. Cette évolution s'est faite, dans un premier temps, de façon transparente pour les programmeurs. Ainsi le jeu d'instruction, les registres et la mémoire tels que les voit le programmeur même lorsqu'il travaille en langage machine ne sont plus réellement ceux qu'implémente le circuit intégré. La mise en place du parallélisme d'exécution des instructions, du superscalaire, des antémémoires et de la mémoire virtuelle correspond à une forme de virtualisation de la machine à laquelle nous sommes désormais habitués. Toutefois cette augmentation des performances atteint depuis très peu de temps ses limites théoriques [6] et les constructeurs se sont naturellement tournés vers des solutions de type multiprocesseurs.

En outre, si les progrès en terme d'intégration ont permis de rendre les machines plus performantes, ils ont aussi permis de concevoir des processeurs très miniaturisés ouvrant ainsi un nouveau domaine qui est celui des terminaux mobiles (PDAs, téléphones, ...) et des systèmes embarqués et contraints (capteurs ...).

Nous nous trouvons donc face à un double problème : continuer à répondre à la complexité croissante des logiciels et développer des applications sur des périphériques contraints tout en proposant des solutions répondant aux demandes des utilisateurs.

Pour le premier, la voie de la virtualisation paraît être la bonne et l'apparition récente de plates-formes (J2EE, .NET) semble le confirmer. En outre cette approche permet d'utiliser des entités distinctes qui coopèrent et, de ce fait, peuvent exploiter la puissance proposée par les multiprocesseurs de façon transparente pour les concepteurs d'applications.

Pour le second les solutions peuvent, de prime abord, paraître devoir se situer totalement à l'opposé. En effet vouloir ajouter des couches de virtualisation sur des périphériques contraints semble paradoxal. L'informatique embarquée fait depuis toujours usage de

1

parcimonie de code et de données. Les systèmes d'exploitation qui y sont utilisés comme TinyOS [49] proposent des APIs modulaires qui seront partiellement installées. Ceci permet de ne charger sur le périphérique que les parties du système nécessaires à l'application. Toutefois l'informatique mobile n'a pas les mêmes règles que l'informatique embarquée. En effet, contrairement aux systèmes embarqués, les périphériques mobiles sont des systèmes ouverts dans le sens où il est possible d'y charger et décharger dynamiquement du code. De plus ces périphériques ont, généralement, une vocation différente : ils ne constituent pas des boîtes noires mais interagissent avec leurs utilisateurs et/ou leur environnement. Ceci explique que des plates-formes spécialisées ont été créées pour eux, il s'agit en particulier de machines virtuelles Java comme J2ME [50]. Ces plates-formes, outre qu'elles permettent de cacher l'hétérogénéité des matériels, facilitent le dialogue entre ces périphériques et des applications plus traditionnelles.

Le domaine de recherche abordé dans ce document est celui des plates-formes en tant qu'outils permettant de répondre à la complexité croissante des applications. Cette complexité peut et doit être traitée à tous les niveaux de la conception, à la réalisation jusqu'à l'exploitation. Les travaux présentés ici ne s'intéressent qu'aux aspects de réalisation et d'exploitation, plus particulièrement aux plates-formes de déploiement et d'exécution d'applications.

Le premier point clé est celui de l'interaction entre l'application et la plate-forme. Il est, en effet, indispensable au bon fonctionnement de l'ensemble que la plate-forme ait connaissance des évolutions de l'application mais aussi que l'application puisse rester cohérente avec les modifications de la plate-forme.
Diverses approches de ce problème sont possibles, mais celles qui contribuent le mieux à diminuer la complexité finale de l'application sont celles qui n'exigent, de la part du développeur, que le minimum de participation. La plate-forme doit donc "espionner" l'application au travers des services qu'elle emploie, des données qu'elle transfère ou d'événements capturés à la source par des conteneurs d'application. Ainsi un système d'exploitation surveille les processus au travers des appels qu'ils font à ses APIs et il utilise ces informations pour gérer son état interne (fichiers ou connexions ouvertes, transferts en cours ...). Dans l'autre sens, les méthodes d'interaction peuvent être ou non intrusives. Les approches non intrusives consistent à signaler à l'application certaines modifications d'état de la plate-forme, celle-ci pouvant ou pas en tenir compte pour modifier son propre état. Les méthodes intrusives consistent, au contraire, à intervenir de force sur l'état de l'application. Un système d'exploitation utilise ces deux approches : il est non intrusif lorsqu'il envoie un signal à un processus et intrusif lorsqu'il décide de le tuer.
Le choix de l'une ou l'autre de ces méthodes dépend, bien entendu, en grande partie de ce qu'il est possible et souhaitable de faire. Il est évident que lorsque l'on a affaire à des applications existantes ou à des *COTS (Commercial Off The Shelf) Products* on ne peut pas procéder de la même façon que lorsque l'on propose un canevas de construction pour des applications nouvelles.

L'autre point clé est celui de la cohérence entre les états des diverses couches de virtualisation utilisées. Les machines virtuelles sont les formes les plus universelles de plates-formes c'est-à-dire celles proposant un support pour tout type d'application. Leur étude montre qu'il faut assurer que leur état et celui de la couche sous-jacente soient isomorphes [37]. Cette propriété permet alors d'empiler des machines virtuelles sans craindre que l'échafaudage ne s'effondre sous le poids des incohérences d'états. Les plates-formes proposées actuellement n'ont pas cette propriété et de ce fait ne sont pas empilables. Afin de faire en sorte qu'elles répondent au plus grand nombre de cas d'utilisation on les rend de plus en plus complexes en leur ajoutant des services, des états et des modèles. Elles sont alors promises au même sort que les systèmes d'exploitation : toujours plus de code, toujours plus de complexité. Toutefois, lorsque l'on s'intéresse à la mobilité, ce type de solution est totalement rédhibitoire. Comme on le fait pour les systèmes embarqués, on peut alors proposer des plates-formes modulaires, laissant au concepteur de l'application le choix des modules qu'il importe. C'est ce que propose la plate-forme OSGi [47] par ajout de bundles. Je pense qu'une autre solution pourrait être de proposer des plates-formes légères, très spécialisées mais empilables. Ainsi, selon les critères choisis pour une application et selon le support matériel sur lequel elle s'exécutera, on pourrait empiler plus ou moins de couches. De sorte, par exemple qu'une plate-forme gérant la qualité de service pourrait s'ajouter à une autre gérant la sécurité ou la synchronisation ou la persistance. Les parties de cette application fonctionnant sur un périphérique mobile pourraient alors se voir dispensées de la plate-forme de persistance et de sécurité de façon à alléger le fonctionnement. Dans ce but il faudrait que les plates-formes aient les bonnes vertus des machines virtualisables.

La suite du document est organisée en quatre parties :

Le chapitre I présente le contexte des travaux en montrant comment les plates-formes peuvent constituer une réponse à la complexité croissante des logiciels. Elles prennent en charge les aspects non fonctionnels des applications et apportent ainsi un support à leur déploiement et leur exécution. Nous insisterons sur les modes d'interaction entre l'application et la plate-forme. Ceci permet de distinguer les deux grandes familles de plates-formes : les plates-formes non intrusives qui n'agissent sur l'application que sous le strict contrôle de cette dernière et les plates-formes intrusives qui en modifient directement l'état.

Le chapitre II présente le détail des travaux sur les plates-formes non intrusives. Ce type de solution présente d'importantes limitations mais peut être appliqué à des applications dont on ne souhaite pas ou dont on ne peut pas modifier le code. Deux plates-formes agissant sur le système d'information de l'application y seront présentées. On montrera tout d'abord comment la plate-forme répond à un problème donné par l'apport de virtualisation. Puis seront détaillés les interactions de l'application avec la plate-forme, l'intergiciel et pour terminer le modèle d'exécution de la plate-forme.

Le chapitre III s'intéresse aux plates-formes intrusives en présentant une plate-forme pour assurer la qualité de service pour des applications multimédia distribuées. Il introduit mes travaux actuels sur les plates-formes pour applications intégrant des périphériques légers mobiles (PDA, capteurs sans fils ...). Les interactions entre la plate-forme et l'application sont, dans ce type d'approche, beaucoup plus fortes et offrent d'intéressantes perspectives. On présentera tout d'abord les principes retenus pour la reconfiguration dynamique d'applications. Ensuite seront détaillées les interactions application plate-forme, l'intergiciel et, pour terminer, le modèle d'exécution de la plate-forme.

La dernière partie propose une synthèse de mes travaux de recherche. Ces différents travaux m'ont conduit à penser que la virtualisation apportée par les plates-formes en faveur des applications pouvait être étendue aux plates-formes elles mêmes. Une telle approche permettrait de concevoir des plates-formes pouvant supporter indifféremment des applications ou de nouvelles plates-formes. Il deviendrait ainsi possible de les cumuler afin d'apporter des services plus ciblés aux applications mais également d'éviter de surcharger des périphériques légers en ne les dotant que des couches de virtualisation strictement nécessaires.

Chapitre I - Contexte des travaux

*Un ordinateur fait au bas mot un million d'opérations
à la seconde, mais il a que ça à penser, aussi.*
- J.M. Gourio *"Brèves de comptoir 1988"*

Nous allons, dans un premier temps, nous intéresser à la complexité des logiciels et tenter d'en identifier les causes principales. Nous montrerons alors que les solutions de type plates-formes peuvent apporter des réponses élégantes à la gestion de cette complexité.

I – 1 Évolution des applications

Force est de constater que les applications que nous utilisons tous les jours présentent une complexité intrinsèque de plus en plus importante. Cette complexité se retrouve tant au niveau de leur conception qu'à celui de leur exploitation. Ainsi, Glass [52] affirme qu'une augmentation de 25% de la complexité d'un problème se traduit par une augmentation de 100% de celle du logiciel. Les machines actuelles offrent des puissances de calcul et de stockage de plus en plus élevées ouvrant la voie à de nouvelles applications toujours plus performantes. Les systèmes d'exploitation par le biais d'APIs de plus en plus fournies, les langages de programmation grâce à des bibliothèques toujours plus riches, les intergiciels en offrant des moyens de communication simples et efficaces et enfin les plates-formes en proposant des services apportent aux développeurs une très importante quantité d'outils leur permettant de se concentrer le plus possible sur la partie métier et de pleinement utiliser les performances des machines.

Il semble toutefois que le phénomène désigné par l'expression "What Andy giveth, Bill taketh away.[1]" se voit chaque jour confirmé. Comme l'indique H. Sutter [7] *"Les processeurs peuvent bien devenir de plus en plus rapides, le logiciel trouve toujours le moyen de consommer ce surplus. Que l'on fasse des processeurs dix fois plus rapides et les applications trouveront dix fois plus de choses à faire"*.

De plus, l'apparition récente des terminaux mobiles et la généralisation des systèmes embarqués soulève le problème que l'on croyait oublié de la réalisation d'applications légères. Vouloir à la fois offrir des applications complètes et légères nécessite des compromis qui ne sont généralement pas aisés à trouver.

I – 1.1 La complexité du logiciel

---

1 Cette expression provient d'une plaisanterie émise lors d'un congrès d'informatique dans les années 1990. Elle signifie que chaque fois qu'Andy Grove (alors PDG d'Intel) met un nouveau processeur sur le marché, Bill Gates (alors PDG de Microsoft) met à jour ses logiciels pour absorber la puissance de ce nouveau composant.

D'après F. P. Brooks [9], la complexité du logiciel est une propriété intrinsèque et non accidentelle. En effet, généralement une évolution de logiciel ne se traduit pas par une simple augmentation de la taille des éléments existants mais plutôt par une augmentation du nombre d'éléments différents. Du fait des interactions entre ces éléments la complexité du tout augmente plus que linéairement avec le nombre d'éléments. La majeure partie des difficultés de développement du logiciel provient de cette propriété et augmente donc de façon non linéaire avec la taille.

Mesurer la complexité du logiciel est une opération très délicate en particulier parce qu'il est difficile de s'accorder sur ce que l'on souhaite mesurer. En effet on peut chercher à mesurer le coût de production voire de maintenance d'un logiciel [2] ou son encombrement (en particulier pour les systèmes embarqués) ou la quantité de ressources qu'il requiert.
Plusieurs méthodes ont été proposées. Bien que ce ne soit pas l'objet direct de mes travaux il me semble intéressant de faire un rapide panorama de ces méthodes.

I – 1.1.1 Lignes de code source (SLOC - Source Lines Of Code)

Il s'agit là de la mesure la plus intuitive et la plus ancienne, elle consiste à compter les lignes de code d'une application. Bien entendu cette façon d'évaluer la complexité du logiciel est très contestable [2][3] en particulier pour les raisons suivantes :

1. Le manque de relation directe entre le nombre de lignes de code et la complexité fonctionnelle : deux développeurs peuvent écrire la même fonctionnalité en un nombre de lignes très différent. En outre il est évident que quelques lignes de code renferment parfois bien plus de complexité que des séquences bien plus longues.
2. La différence introduite par les langages utilisés : Le nombre de lignes de code nécessaire à l'écriture d'une fonctionnalité en C++ n'est évidemment pas le même qu'en COBOL. En outre de nombreuses applications sont développées en utilisant plusieurs langages de programmation.
3. Le code généré automatiquement : l'utilisation de générateurs de code, en particulier pour les interfaces introduit un biais très important dans la mesure où il devient impossible de comptabiliser le nombre de lignes de code réellement écrites par les programmeurs. On remarquera toutefois que ce défaut n'a pas d'incidence lorsque l'on désire mesurer la lourdeur d'un logiciel et non son coût de réalisation et de maintenance.

La mesure par SLOC est certes très contestable mais il n'en reste pas moins vrai qu'il y a une corrélation forte entre la taille du code source et l'effort et le temps de développement.
Le SLOC de la majeure partie des applications est sans commune mesure avec celui des systèmes d'exploitation qui se mesure en dizaines de millions (Figure 4 et
Figure 5 page17). Toutefois des mesures effectuées sur 636 logiciels open source appartenant à 71 projets de sourceforge montrent une valeur moyenne de 120355 lignes avec un minimum de 275 lignes et un maximum de 2,34 millions de lignes de code source [20].

Il convient toutefois de remarquer que la complexité réelle d'une application n'est que très mal mesurée par la méthode SLOC car de nombreuses lignes de code correspondent à des utilisations de bibliothèques ou d'API du système d'exploitation en particulier pour la gestion des interfaces graphiques. Ainsi, par exemple gcc 3.4 contient 2,4 millions de lignes tandis que GIMP 2.3.8 qui gère plus de 4000 widgets n'en contient que 650 000.

I – 1.1.2 Function Point Analysis (FPA)

Cette métrique, proposée par Albrecht [11] a été reconnue par l'ISO comme métrique des systèmes d'information et est soutenue par l'IFPUG (International Function Point Users' Group) [http://www.ifpug.org]. Elle est très centrée sur l'utilisateur puisqu'elle ne s'intéresse qu'aux valeurs suivantes :

- entrées : données provenant de sources externes à l'application
- sorties : données produites par l'application et externalisées (affichages, impressions, fichiers ...)
- requêtes : requêtes traitées par l'application ne provoquant aucune modification de son système d'information.
- fichiers : fichiers internes à l'application (données et contrôle).
- interfaces : données partagées avec d'autres applications (fichiers partagés, bases de données, bibliothèques).

La complexité est alors mesurée par une somme pondérée de ces valeurs. La pondération appliquée à chaque valeur dépend de la valeur elle-même par un système de seuils [4].

Cette mesure est totalement indépendante des langages, des méthodes et des plates-formes utilisés. De plus, contrairement à SLOC, elle peut être appliquée avant même la production du logiciel et est donc utilisable pour la gestion de projets.

I – 1.1.3 Complexité cyclomatique (MVG - McCabe's Cyclomatic Complexity)

Cette mesure, introduite par McCabe [21][22] est centrée sur la topologie des flux de contrôle d'un programme. Elle ne mesure donc pas la complexité d'une application mais bien celle d'un programme. Elle détermine en fait le nombre de tests qu'il faudrait effectuer pour réaliser une exploration exhaustive d'un programme.
Elle est effectuée à partir du graphe de flux de contrôle du programme dans lequel chaque ligne de code est un nœud et est exprimée par la formule :

$$CC=E-N+2p$$

où CC est la complexité cyclomatique, E le nombre d'arcs du graphe, N le nombre de nœuds du graphe et p le nombre de connexions.

I – 1.1.4 Métriques pour la programmation par objets

Ces métriques portent soit sur les classes soit sur l'architecture de l'application.

Dans la première catégorie vient s'inscrire celle proposée dans [5]. Elle consiste en six mesures portant sur la complexité du code des classes (mesurée par SLOC ou MVG), les profondeurs d'héritage, les liens entre classes, le nombre de méthodes d'une classe et de méthodes qu'elles appellent et enfin le taux de couverture des propriétés de la classe modifiées par ses méthodes.

Dans la seconde catégorie on trouve celle proposée dans [24] qui porte sur les paquetages, les classes et les liens entre eux. Elle consiste en la définition de ratios calculés à partir du nombre de classes et interfaces du paquetage (Np), du nombre de classes d'autres paquetages qui en dépendent (Da), du nombre de dépendances vis à vis de classes d'autres paquetages

(De) et enfin du nombre de classes abstraites (Ca). À partir de ces valeurs sont définis les ratios suivants :

– Ratio d'abstraction : Ca/Np une valeur de 1 montre un paquetage totalement abstrait tandis que 0 correspond à un paquetage concret.

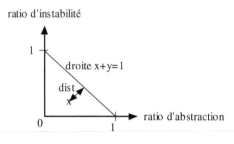

– Ratio d'instabilité : De/(Da+De). Une valeur de 1 montre un paquetage potentiellement instable car très lié aux autres paquetages tandis que 0 correspond à un paquetage stable car se suffisant à lui même.

À partir de ces deux ratios on peut représenter le paquetage sur un plan [0,1]x[0,1] dont l'axe des x est le ratio d'abstraction et celui des y le ratio d'instabilité, puis mesurer sa distance orthogonale par rapport à la droite d'équation x+y=1. Cette distance évalue l'équilibre entre abstraction et stabilité du paquetage.

Toutes ces mesures montrent que les applications lourdes sont caractérisées d'un point de vue externe par une taille importante du code (SLOC) mais aussi par une grande quantité de données manipulées et d'interactions avec l'environnement (FPA). Tandis que d'un point de vue interne c'est un code au flux de contrôle très intriqué (MVG) ou de fortes interdépendances entre objets ou paquetages.

La complexité croissante des logiciels s'est accompagnée de l'augmentation des performances des processeurs. Il est difficile de dire si les logiciels sont devenus plus complexes parce que les processeurs le permettaient ou si les processeurs ont évolué en réponse à la demande des logiciels. Il est plus probable de penser que se deux phénomènes se sont entraînés l'un l'autre.

I – 1.2 Les causes du besoin croissant de performance des processeurs

Lorsque je faisais ma thèse (au début des années 80), un chercheur qui travaillait sur la reconnaissance de la parole m'avait expliqué que pour que les algorithmes efficaces connus de reconnaissance de la parole puissent fonctionner en temps réel il faudrait pouvoir les faire tourner sur un supercalculateur. À cette époque les machines les plus performantes du marché atteignaient quelque centaines de MFLOPs (1 MFLOP = 10^6 opérations sur des réels par seconde)[2].

Les derniers microprocesseurs proposés sur le marché sont des multi cœurs et offrent une puissance de calcul de 20 GFLOPs par cœur. Avec l'arrivé de quadri-cœurs nos machines de bureau proposeront très bientôt des puissances de 80 GFLOPS soit cent fois plus que les supercalculateurs de cette lointaine époque.

Pourtant les systèmes d'exploitation et les applications que nous utilisons tous les jours parviennent à consommer une telle puissance.

---

[2] 500 MFLOPs pour le Cray XM/P et le Fujitsu VP-200, 800 MFLOPS pour le S-810 d'Hitachi. Ces trois machines sont apparues en 1982.

Les causes se trouvent dans l'éloignement croissant entre les activités de ces applications et celles des machines qui les supportent et, plus particulièrement aux trois niveaux suivants :
- les données
- les traitements
- le parallélisme

Je vais maintenant examiner plus en détail ces différentes causes de complexité et les solutions qui peuvent être proposées.

I – 1.2.1 Lourdeur due aux données

Les informations manipulées par les machines restent extrêmement simples. Elles se résument à des valeurs booléennes, des valeurs numériques et des caractères ainsi qu'à des assemblages homogènes de celles-ci (suites de bits, vecteurs, chaînes de caractères).

Les informations manipulées par les applications et les usagers en sont de plus en plus éloignées. La généralisation des interfaces conduit à manipuler des objets essentiellement graphiques (interfaces, *widgets* …) mais aussi des informations riches (images, sons, couleurs …) ainsi que des informations de contrôle et d'interactivité (événements, messages …).

Par exemple S. Staiger [25] met en évidence, à l'aide d'une analyse statistique d'applications proposant une interface graphique, la complexité introduite par ces interfaces.
Elle se fonde sur une évaluation en termes de nombre de *widgets*, de relations entre *widgets* et de nombre d'événements. Le Tableau 1 montre les résultats obtenus pour quelques applications classiques :

Application	Nombre de widgets	Nombre de relations père/fils entre widgets	Nombre d'événements	SLOC
Codebraker	88	71	20	1217
Jlrfractal	67	71	26	3060
Sgrviewer	403	122	26	3327
Qspacehulk	920	347	55	18886
Euler	122	98	45	24103
Qtroadmap	113	51	8	25843
Bluefish	1428	1126	148	40765
Gqview	1261	829	252	52998
Qtads	361	274	36	82016
Dia	836	721	220	124825
gimp	4000	2244	880	568826

Tableau 1 : Widgets, événements et complexité d'applications avec GUI

Avec la généralisation des interfaces graphiques et du multimédia, le fossé qui sépare les informations manipulées par les applications de celles traitées par les machines n'a cessé de se creuser. Il y a fort à parier que les interfaces du futur feront largement appel à la 3D comme semblent le penser, entre autres, les concepteurs de Windows Vista. Les applications n'y échapperont pas et, encore une fois, le fossé se creusera entre les données 3D qu'elles manipuleront et les types extrêmement simples que les machines connaissent avec pour conséquence probable la nécessité de processeurs encore plus puissants.

I – 1.2.2 Lourdeur due aux traitements

Les machines ne traitant que des informations simples, les instructions qu'elles proposent sont naturellement directement liées à ces informations.

Les tentatives pour introduire un jeu d'instruction complexe (CISC) se sont révélées, à terme, non productives et ont été abandonnées. La raison en est que l'analyse de séquences de codes montrait que la grande majorité des instructions disponibles étaient très peu utilisées. C'est pourquoi les processeurs RISC occupent actuellement la totalité du marché.

Ainsi, les instructions proposées sur les processeurs CISC pour le traitement de chaînes de caractères (47 instructions sur le Pentium 2) proposent des opérations itératives censées remplacer les boucles de programmes. Toutefois ces instructions ne proposent qu'un ou deux niveaux de rupture (conditions d'arrêt de l'itération) alors que les formats des documents textuels manipulés par les applications sont, le plus souvent, hiérarchiques (XML, HTML ...). De ce fait les traitements effectués sur ces documents présentent de nombreux niveaux de rupture que les instructions proposées ne permettent pas de mettre en œuvre.

De la même façon les instructions multimédias (MMX, SSE2, MAX, VIS ...) ont rapidement été supplantées par l'introduction de processeurs spécialisés dans les cartes son et graphiques. Il est alors devenu préférable de proposer une couche logicielle (DirectX, openGL) offrant aux programmeurs une API qui exploite la puissance de calcul de ces cartes au travers de leurs pilotes.

De la même façon le contrôle des périphériques par le processeur reste limité à des opérations de lecture/écriture de registres (IN/OUT) et à la prise en compte d'interruptions. Cette vision simpliste ne reflète pas l'utilisation qui est faite de ces périphériques par les applications. Il suffit pour s'en convaincre d'examiner ce qui se produit lors d'un simple mouvement de souris dans une application en java et SWING :

- Le processeur récupère l'interruption et le pilote de la souris calcule ses coordonnées relativement à l'écran en fonction de ses anciennes coordonnées et du mouvement constaté.
- Le système d'exploitation détermine la fenêtre correspondant à ces coordonnées d'écran et les transforme en coordonnées relatives à cette fenêtre.
- Ces informations sont alors transmises à l'application liée à cette fenêtre (la MVJ – Machine Virtuelle Java).
- La machine virtuelle créée un objet événement puis détermine le composant d'interface concerné.
- Un nouvel objet événement contenant les coordonnées de la souris relatives à ce composant est transmis à l'écouteur d'événements qui le traite.

Toutes ces transformations sont nécessaires car la souris vue du processeur est un simple périphérique indiquant dans quelle direction et de combien elle se déplace tandis que pour l'application il s'agit d'un pointeur dans un environnement graphique pouvant être dynamiquement modifié.

Le fossé entre les types d'informations manipulées par les applications et les opérations proposées par les processeurs conduit à des traitements lourds et complexes.

I – 1.2.3 Lourdeur due au parallélisme

Il convient de distinguer les divers niveaux de parallélisme auxquels sont confrontées les applications :

- parallélisme de processus
- parallélisme de processeurs

- parallélisme de systèmes

En ce qui concerne le parallélisme de processus, pendant fort longtemps seules les API des systèmes d'exploitation en permettaient l'utilisation (fork). Plus récemment ont été proposées des solutions à base de processus légers (threads). Cette évolution témoigne d'un désir de simplification pour les programmeurs. En effet les threads d'une même application partagent la mémoire ce qui rend aisée les communications entre eux. Les processus doivent recourir à des flux (pipes) ou à des messages (boîtes à lettres) tandis que les threads peuvent directement accéder aux variables modifiées par d'autres threads. Il est à remarquer que le mode de communication par événements reste dans les deux cas le plus simple puisqu'il n'y a pas d'information à faire circuler.

Le parallélisme des processeurs est beaucoup plus difficile à prendre en compte. En général les applications doivent être écrites pour l'utiliser explicitement. Toutefois la gestion des multiprocesseurs par les systèmes d'exploitation peut conduire à l'exécution en parallèle de processus. Le multithreading apparu en 2002 sur le Pentium 4 Xeon n'a pas d'autre objectif que d'exploiter ce type de situation. Toutefois il s'agit là seulement d'accélérer le changement de contexte de processus et non de les exécuter en parallèle. La généralisation actuelle des processeurs multi cœurs va probablement induire une véritable révolution dans la production de logiciel.

Pour l'instant l'utilisation la plus courante de ces processeurs se situe sur les serveurs d'applications afin de faire fonctionner plusieurs services en parallèle. Toutefois il s'agit là essentiellement d'applications concurrentes et non coopératives. C'est pourquoi les machines virtuelles y sont abondamment employées pour sécuriser les serveurs. Selon une étude de Forrester Research, Inc. [26] conduite auprès de 275 responsables informatiques, 37% utilisent d'ores et déjà, dans ce but, des machines virtuelles sur leurs serveurs tandis que 28% prévoient d'y venir d'ici 2009.

L'exploitation des multiprocesseurs pour des processus coopérants est inévitable mais suppose un changement profond des méthodes et des outils de développement [1]. Ainsi le langage C++ qui est souvent utilisé pour développer des applications utilisant de nombreux threads, n'offre aucun support à la concurrence. Le C++ ISO ne fait aucune mention des threads et il faut faire appel à des bibliothèques spécifiques non portables. De même, Herb Sutter [7] fait remarquer que les accès à des propriétés statiques dans une classe devraient faire systématiquement l'objet d'un verrouillage et que ce n'est généralement pas fait.

Le parallélisme de systèmes (machines en réseau) est, quant à lui, beaucoup plus exploité que celui des processeurs. Le modèle OSI et en particulier les couches TCP et IP offrent les outils de base de la communication (*sockets*) qui permettent une mise en œuvre aisée du modèle client/serveur. Il faut toutefois remarquer que ce modèle incite à la production d'architectures à base de services et non à la mise en place d'applications coopératives.

Plus récemment l'apparition d'intergiciels (*middlewares*) apporte une batterie d'outils plus proches des préoccupations des développeurs que ceux que proposent les couches réseau [27] :

- localisation transparente sur le réseau permettant l'interaction entre applications ou services;
- indépendance vis-à-vis des matériels, des systèmes d'exploitation et des services réseau;
- interfaces de haut niveau permettant la composition, la réutilisation, le portage et l'interopérabilité;
- offre de services pour faciliter la collaboration entre applications.

L'utilisation d'intergiciels et de plates-formes apparaît comme incontournable dès que l'on souhaite développer des applications réparties. Toutefois ces outils s'accompagnent d'une complexité non négligeable. Ainsi une étude récente [28] montre que le simple transfert d'une date encapsulées dans une enveloppe SOAP (*Simple Object Access Protocol*) et Java peut provoquer l'appel de 268 méthodes et la création de 70 nouveaux objets.

I – 2 Les réponses à la complexité

Ce problème de complexité des logiciels n'est pas récent. Il est apparu dès que le coût du logiciel est devenu supérieur à celui du matériel c'est-à-dire dès le début des années 1970. De même, en 1987, Royce [23] indiquait que pour fabriquer un matériel de 5 millions de dollars 30 pages de spécifications suffisaient alors que pour un logiciel du même prix il en faudrait au moins 1500.

Dès lors diverses réponses ont été apportées à ce problème. L'une d'entre elles a consisté à faire en sorte de combler le fossé séparant les types d'activités des applications de celles des machines qui les supportent. Dans cette approche le principe clé est celui de la **virtualisation**. Parallèlement les constructeurs ont mis sur le marché des machines capables d'absorber le surcroît de consommation de puissance engendré par les besoins nouveaux permettant ainsi aux développeurs de pouvoir envisager des applications toujours plus complexes.

I – 2.1 La puissance brute des processeurs

Un rapide point sur l'évolution des processeurs peut permettre d'imaginer ce qu'il va advenir des machines et, par conséquent, ce qui attend les futurs développeurs d'applications informatiques.
La célèbre loi de Moore [30] constitue le "deus ex machina"[3] de l'informatique. Les performances brutes des processeurs ont été multipliées par plus de 1000 sur les vingt dernières années (voir Figure 1) et les programmeurs ont pris l'habitude de n'économiser ni le calcul, ni la mémoire ni les unités de stockage.

Cette rapide évolution ne s'explique pas seulement par celle des vitesses d'horloges utilisées mais aussi par l'introduction de niveaux de virtualisation :
-    de la mémoire (antémémoires et mémoire virtuelle)
-    des registres (renommage des registres)
-    du parallélisme d'exécution des instructions (superscalaire, prédiction d'instruction, distributeur/ordonnanceur d'instructions)
-    des processus (mutithreading)

Toutes ces évolutions ont été guidées par la volonté de les rendre invisibles aux programmeurs afin qu'ils continuent à penser la machine selon le schéma de Von Neumann c'est-à-dire comme un processeur exécutant un flot séquentiel d'instructions et connecté à une mémoire monolithique contenant programmes et données. Ceci s'explique par le désir de

---

[3] "deus ex machina" : dieu sort de la machine. Expression utilisée au théâtre pour désigner un mécanisme servant à faire entrer en scène une divinité ou un personnage inattendu pour résoudre une situation désespérée.

conserver la compatibilité avec les générations précédentes de processeurs en raison des gains économiques qu'elle offre [1].

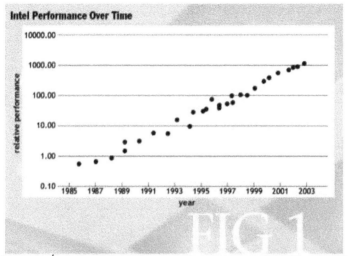

Figure 1 : Évolution de la performance des processeurs Intel (d'après [1])

Nous assistons toutefois depuis très peu de temps à un changement de situation qui aura des conséquences importantes sur nos façons de travailler. En effet, le parallélisme transparent d'exécution des instructions par l'approche superscalaire connaît des limites [6] et ne peut guère dépasser 4 instructions par cycle. La courbe (Figure 2) montre que cette limite est atteinte depuis déjà quelques années.

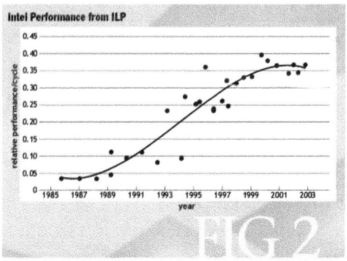

Figure 2 : Performance par cycle des processeurs Intel (d'après [1])

13

De même la vitesse d'exécution des instructions dans le processeur caractérisée par celle de son horloge accuse une courbe comparable depuis 2003 (voir Figure 3). La ligne en pointillés indique les vitesses que l'on était en droit d'espérer si la courbe avait continué son ascension.

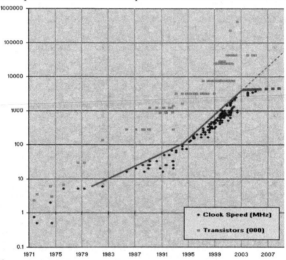

Figure 3 : Évolution des vitesses d'horloges des processeurs (sources: Intel, Wikipedia)

On constate, en effet, que depuis 2003 il devient de plus en plus difficile d'accélérer les processeurs en raison de limitations physiques comme la dissipation de chaleur, la consommation et les courants de fuite [31]. Tandis que, comme le montre cette courbe, le nombre de transistors continue à augmenter, confirmant ainsi la prévision de Moore.

Tous les efforts ont jusqu'ici porté sur des techniques qui ne compromettent pas la vision d'une architecture de Von Neumann qu'ont les développeurs. Toutefois elles montrent depuis peu des limites fortes et les constructeurs se sont donc tournés vers des architectures multi cœurs pour augmenter encore la puissance de calcul disponible. Pour tirer bénéfice de ces architectures il faut proposer des solutions logicielles exploitant ce vrai parallélisme [1][7] et des approches adaptées [8].

Les plates-formes et les machines virtuelles constituent des réponses à cette évolution et sont appelées à prendre une place de plus en plus importante à l'avenir. En effet elles peuvent s'exécuter en parallèle des applications sur un ou plusieurs processeurs et prendre en charge une partie non négligeable de l'activité de ces applications. Bon nombre des tâches prises en charge par les plates-formes (gestion du contexte, persistance, etc.) peuvent s'effectuer en total parallélisme de celles des applications elles-mêmes. Le parallélisme des processeurs peut alors être pleinement exploité de façon transparente aux créateurs de ces applications.

I – 2.2 Le rôle du logiciel

Très tôt des outils logiciels ont été créés pour réduire la distance entre les machines et les besoins des développeurs. On y trouve en particulier les langages de programmation, les systèmes d'exploitation et, plus récemment, les intergiciels et les plates-formes.

I – 2.2.1 Les langages de programmation

Dans un premier temps les langages de programmation ont cherché à être aussi proches que possible du langage naturel. Ainsi le groupe dirigé par G. Hopper qui a conçu COBOL avait placé ce critère avant tous les autres [32][33]. Il s'agissait alors de virtualiser la machine en faisant abstraction du jeu d'instructions, des registres, de la pile et des indicateurs d'états.

Ensuite c'est le fossé entre les informations connues de la machine et celles que souhaitent manipuler les programmes qui a été comblé par des langages permettant de structurer les données (Algol, Pascal, Ada, etc.). Toutefois les traitements de ces structures doivent faire appel à de multiples procédures indépendantes qui ont en charge d'en assurer la cohérence.

La meilleure réponse, en terme de langages, qui ait été apportée jusqu'ici à la pauvreté des informations manipulées par les machines et des instructions de traitement qu'elles proposent vient des langages à objets. On peut remarquer que la programmation par objets n'est pas une idée récente puisque le langage Simula [34] la proposait déjà au début des années soixante. Toutefois ce langage n'a guère été utilisé que pour des applications de simulation pour lesquelles il avait d'ailleurs été conçu. Ceci s'explique sans doute parce que les besoins des applications courantes n'étaient pas les mêmes que maintenant et leur complexité ne nécessitait pas une remise en question des langages procéduraux classiques. La véritable explosion des langages à objets n'est arrivée que dans les années 90 lorsque les soucis de maintenance et de réutilisation de logiciel ont commencé à devenir cruciaux [7]. Il est tout aussi remarquable que le premier langage à objets abondamment utilisé ait été le C++ construit sur le C dont les tenants des langages structurés s'accordaient à dire qu'il n'était qu'une sorte de macro-assembleur. Ceci est parfaitement explicable par le fait que lorsque l'on souhaite virtualiser le processeur par un langage qui en cache à la fois les données et les instructions il est préférable de le faire à partir d'un langage très proche de ces mêmes données et instructions de façon a pouvoir en exploiter au mieux la puissance sous-jacente de la même façon que l'on continue à utiliser des morceaux de code en assembleur dans les systèmes d'exploitation [19].
Les paradigmes clés de l'objet que sont l'encapsulation, l'héritage et le polymorphisme reflètent parfaitement cette volonté de virtualisation du processeur. L'encapsulation correspond au fait que, de même qu'il n'est pas possible d'aller plus bas que les données et les instructions du processeur, il ne doit pas être possible d'aller plus bas que l'objet. L'héritage, quant à lui, concrétise une autre qualité du virtuel celle de pouvoir donner naissance à une nouvelle réalité. L'héritage permet de créer du virtuel par-dessus le virtuel et en ce sens l'absence d'héritage multiple en java est certainement regrettable. Enfin le polymorphisme est la qualité du virtuel qui est de s'opposer à l'actuel et non au réel [29] : l'objet "virtuel" de classe dérivée peut remplacer l'objet "virtuel" de classe supérieure qui, lui-même, de proche en proche, remplace l'objet "actuel" qu'est la machine.
L'arrivée de Java et de la machine virtuelle associée confirme cette tendance en choisissant de proposer un processeur dont les données sont des objets et les instructions celles de Java. C'est sur cette machine devenue "actuelle" que les programmeurs viendront créer leurs propres objets "réels". À ce titre on peut déplorer que continuent à exister en Java des types simples (nombres, caractères, booléens) alors que les classes pour les remplacer ont été prévues. Faudrait-il, en défenseurs de la programmation par objets, bannir ces types simples lorsque l'on enseigne C++ ou Java comme mes professeurs, en défenseurs de la programmation structurée, bannissaient le "GOTO" lorsque j'étais étudiant ?

Afin de simplifier certaines tâches du programmeur, les langages de programmation proposent généralement une offre de services sous la forme de bibliothèques. Ces bibliothèques ont, en particulier, pour but de cacher tout ou partie des APIs du système d'exploitation mais elles proposent aussi une batterie de procédures ou de classes sensées correspondre à des usages courants.

I – 2.2.2 Plates-formes, intergiciels et canevas (frameworks)

Nous prendrons ici le terme plate-forme dans son sens le plus large de "support à l'exécution". Dans cette catégorie entrent aussi bien les systèmes d'exploitation que les machines virtuelles et les plates-formes comme J2EE, .NET, OSGi, etc.
Les systèmes d'exploitation et les machines virtuelles constituent des plates-formes à vocation universelle. Leur objectif est de pouvoir supporter tous types d'applications sans faire de supposition sur leur structure ou leur activité.
Par ailleurs, les plates-formes d'exécution plus spécialisées imposent aux applications de répondre à certains critères pour pouvoir y être supportées. Elles sont, par conséquent, accompagnées d'un canevas (*framework*) définissant un cadre de réalisation pour les composants de l'application qui leur permet de s'intégrer dans le contexte de la plate-forme. Elles s'appuient généralement sur un intergiciel prenant en compte la répartition et offrant des services.
Ce type de solution tend à se généraliser dans la mesure où il est bien adapté à l'évolution des machines comme indiqué dans [10]: "*The new and innovative steps in the programming models, starting with assembly languages, to compiled high level languages, on to structured programming, and to object oriented programming, to component-oriented programming such as in Java 2 Enterprise Edition (J2EE) [12], to integration and coordination software [13][14], and now to service oriented architectures [15] is the result of the evolution of faster and more capable processors.*".

I – 2.2.2.1 Les systèmes d'exploitation

Historiquement les premières plates-formes proposées ont été les systèmes d'exploitation. Leur rôle consiste à virtualiser les ressources de la machine (processeur, mémoire, unités de stockage, périphériques …) et à offrir des services aux programmeurs par le biais d'APIs. Les systèmes ont grossi en même temps que les machines ont évolué. Ainsi ils ont petit à petit intégré la gestion des environnements graphiques, des réseaux, de la sécurité, etc. Au fur et à mesure de ces évolutions ils sont devenus des logiciels de plus en plus complexes, leur taille n'a cessé de croître (voir Figure 4 et
Figure 5) et ils posent de réels problèmes de stabilité et de maintenance quoi qu'en disent leurs auteurs [18].

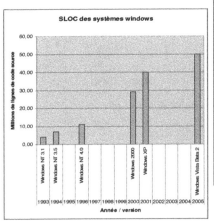

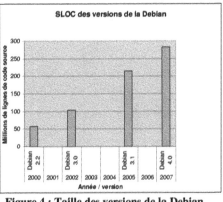

Figure 4 : Taille des versions de la Debian
(d'après [17])

Figure 5 : Taille des versions de Windows (d'après [16])

I – 2.2.2.2 Les machines virtuelles

Selon la taxonomie proposée par J.E. Smith [35] les machines virtuelles appartiennent à l'un ou l'autre des deux types suivants :
- système;
- processus.

Les machines virtuelles de type système sont les plus anciennes [36], leur origine provient de la nécessité de proposer des solutions au manque de compatibilité des machines. Leur objectif est de virtualiser le matériel et le système d'exploitation de façon à créer un nouveau matériel sur lequel pourront venir s'installer un nouveau système d'exploitation puis des applications (Figure 6 à gauche). Dans cette catégorie les plus connus sont VMware, Virtual PC, Xen et Denali.

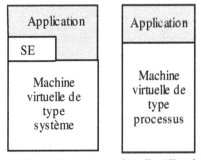

Figure 6 : Types de machines virtuelles (d'après [35])

Les machines virtuelles de type processus virtualisent également le matériel et le système d'exploitation pour créer une plate-forme complète (matériel et système) sur laquelle peuvent s'exécuter les applications (Figure 6 à droite). C'est dans cette catégorie que se situe la machine virtuelle Java (MVJ).

L'application gérée par la machine virtuelle (MV) et la plate-forme qui supporte cette MV (hôte) sont caractérisées par leur état. Ces états évoluent au cours de leur fonctionnement (Figure 7 ①②). Formellement la virtualisation suppose de pouvoir établir un isomorphisme entre l'état de l'application et celui de l'hôte. C'est le rôle de la machine virtuelle que de maintenir cet isomorphisme par diverses techniques [39]. Le théorème de Popek et Goldberg [37] montre qu'il n'est possible de construire une machine virtuelle sur un hôte que si celui-ci permet d'assurer que cet isomorphisme puisse toujours être établi[4]. Ceci signifie que s'il existe un changement d'état de l'hôte (Figure 7 ②) ayant une influence sur le fonctionnement de l'application alors il doit pouvoir être intercepté (*trap*) par la MV (Figure 7 ③) afin qu'elle puisse conserver cet isomorphisme. Dans le cas particulier où l'hôte est un processeur, Popek et Goldberg montrent qu'il suffit que les instructions privilégiées génèrent une interruption logicielle que la MV peut récupérer. Lorsque cette condition n'est pas vérifiée[5], il est néanmoins possible de construire des MV par la méthode de paravirtualisation [38] mais ceci implique que les applications soient écrites en conséquence. Ainsi, pour pouvoir être installés sur la MV Xen, les systèmes d'exploitation doivent avoir été modifiés en conséquence [40].

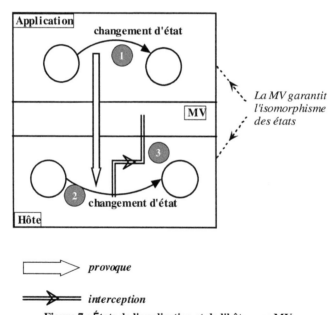

Figure 7 : États de l'application et de l'hôte avec MV

---

[4] Pour être tout à fait exact l'isomorphisme doit exister entre les états de l'application et ceux que peut prendre l'hôte lorsque la MV et l'application sont présentes.
[5] C'est en particulier le cas des architectures X86 d'Intel.

I – 2.2.2.3 Les autres plates-formes

Après ce rapide tour d'horizon des systèmes d'exploitation et des machines virtuelles, nous allons nous intéresser aux autres types de plates-formes d'exécution d'applications. L'objectif de ces plates-formes est de jouer un rôle comparable à celui d'un système d'exploitation pour des applications réparties c'est-à-dire de virtualiser l'infrastructure sous-jacente.
Krakowiak [41] définit les tâches nécessaires à un tel objectif :
- cacher la répartition;
- fournir des services considérés comme d'usage général;
- cacher l'hétérogénéité;
- fournir des canevas normalisés.

Les deux premières tâches sont confiées à l'intergiciel, la troisième à une machine virtuelle ou à un compilateur JIT (juste à temps), la dernière fait appel à des patrons ou des conteneurs de composants métiers.

La répartition correspond à la communication entre parties distantes de l'application. Elle s'appuie sur les couches réseaux des systèmes d'exploitation et propose des modes de communication synchrones ou asynchrones.
Le mécanisme de base de la communication synchrone est l'appel de procédure à distance (RPC) défini par Birrell et Nelson [42] (voir Figure 8).
Il a ensuite été étendu à l'objet par l'Object Management Group (OMG) sous la norme CORBA (Common Object Request Broker Architecture) qui est indépendant des langages [43] [48].
La communication asynchrone peut se faire par simple envoi de messages (comme JMS ou MSMQ) ou faire appel à SOAP (Simple Object Access Protocol) [44] (comme SAAJ ou ASMX) qui s'appuie sur des protocoles classiques comme HTTP ou SMTP associés à des descriptions en XML.

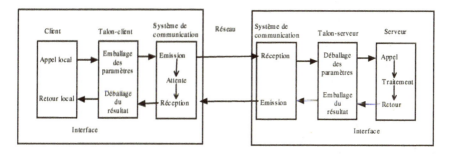

Figure 8 : Schéma de principe de RPC (d'après [42])

Le Tableau 2 résume ces différentes couches de virtualisation pour les trois plates-formes les plus connues que sont J2EE [45], .NET [46] et OSGi [47]. On y retrouve les quatre tâches décrites précédemment et la façon dont elles y sont représentées.

Plate-forme	Répartition	Services	Hétérogénéité	Canevas
J2EE	Synchrone : RMI Asynchr. : JMS, SAAJ	Par connecteurs (JTA, JCA, JavaMail, JACC)	MVJ	Containers (JSP, EJB)
.NET	Synchrone : DCOM Asynchr. : MSMQ, ASMX	Par bibliothèque (FCL)	CLR + JIT	COM+
OSGi	Seulement avec extension (R-OSGi)	Par bundles (Wire Admin UPnP …)	MVJ	bundle

Tableau 2 : couches de virtualisation des plates-formes J2EE, .NET et OSGi

Légende des acronymes utilises dans ce tableau :
ASMX : ASP.NET Web Services
CLR : Common Runtime Language
COM+ : Component Object Model Plus
DCOM : Distributed Component Object Model
EJB : Entreprise java Beans
FCL : Framework Class Library
JACC : Java Authorization Contract for Containers
JCA : J2EE Connector Architecture
JIT : Just In Time compilation
JMS : Java Message Service
JSP : Java Server Pages
JTA : Java Transaction API
MSQM : MicroSoft Message Queuing
MVJ : Machine Virtuelle Java
RMI : Remote Method Invocation
SAAJ : SOAP with Attachments API for Java

On peut donc considérer une plate-forme comme un ensemble d'éléments de virtualisation (voir Figure 9) permettant aux développeurs d'applications de disposer d'un environnement d'exécution indépendant des infrastructures matérielles et réseau, supportant la répartition et offrant des services généraux (persistance, sécurité, transactions …) ou spécifiques à un domaine (commerce, médical …).

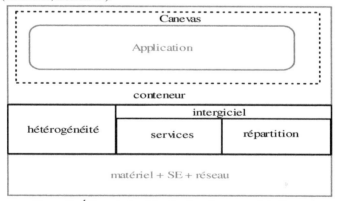

Figure 9 : Éléments de virtualisation dans une plate-forme

Le conteneur virtualise l'application ou ses composants de façon à leur donner une apparence conforme à celle qu'exige la plate-forme. Le canevas complète cette tâche en permettant au développeur de respecter la forme adéquate. L'intergiciel virtualise les communications et apporte des services non fonctionnels que l'application peut utiliser. Enfin l'hétérogénéité consiste à virtualiser les machines et les systèmes d'exploitation sur lesquels s'exécute l'application.

Les interactions entre la plate-forme et l'application se font dans les deux sens. Elles constituent le cœur même du fonctionnement de l'ensemble plate-forme/application. La plate-forme possède un état propre. Cet état est modifié lors de changements d'état de la couche inférieure (matériel, SE et réseau) mais aussi lors de certains changements d'états de l'application. En retour la plate-forme peut provoquer des changements d'état de l'application.

Le mode d'interaction application/plate-forme peut prendre deux formes :
- par service
- par conteneur

Dans le premier cas les changements d'états de l'application visibles par la plate-forme sont codés dans l'application par des appels de services des API ou de l'intergiciel (voir Figure 10 ①), tandis que dans le second ce sont les conteneurs des composants métier qui transmettent à la plate-forme des informations de surveillance de son évolution (voir Figure 10 ②). Ces conteneurs peuvent eux-mêmes fournir des services aux composants métier ou en capturer les informations de changement d'état par observation de leur comportement.

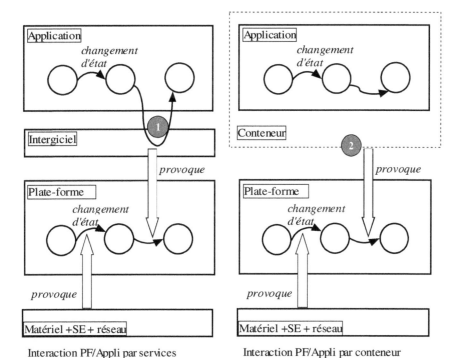

Interaction PF/Appli par services   Interaction PF/Appli par conteneur

Figure 10 : Modes d'interaction Application/Plate-forme

Le mode d'interaction plate-forme/application permet de distinguer deux grandes familles de plates-formes (voir Figure 11) :
- les plates-formes non intrusives;
- les plates formes intrusives.

Une plate-forme **non intrusive** intervient sur des éléments externes de l'application comme les données ou utilise un mécanisme d'événements qu'elle lève lors de certains changements de son état interne et qui peuvent être récupérés par des composants spécifiques (écouteurs d'événements) de l'application. Ce sont ces modifications d'éléments externes ou ces événements qui provoquent des changements d'état de l'application.

Une plate-forme **intrusive** peut provoquer des changements d'état de l'application sans que celle-ci n'en soit consciente et n'y participe. Ceci peut être obtenu soit en agissant directement sur la partie fonctionnelle soit sur la circulation d'informations soit enfin sur l'architecture même de l'application. L'utilisation d'objets et de composants facilite grandement ce type de fonctionnement.

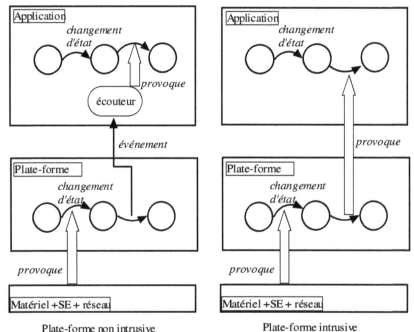

Plate-forme non intrusive   Plate-forme intrusive

Figure 11 : Modes d'interaction Plate-forme/Application

L'utilisation d'une plate-forme à pour but de créer un environnement d'exécution adapté au problème à résoudre. Lorsque l'on conçoit ou modifie une application, la prise en compte de son contexte d'exécution et en particulier des contraintes qu'il impose est une étape importante. C'est, en effet, ce contexte qui offre un certain nombre de possibilités de solutions au problème. Résoudre le problème c'est alors faire le choix de l'une de ces possibilités puis en proposer une réalisation en adéquation avec ce contexte. Par l'introduction d'une plate-forme on modifie l'environnement actuel pour introduire un environnement virtuel. Ainsi on substitue à l'environnement actuel un nouvel environnement qui, devenant à son tour actuel, offre de nouvelles possibilités parmi lesquelles on peut en choisir une réduisant la complexité de l'application.

La plate-forme prend alors à son compte une partie de l'activité qui aurait été, sans elle, dévolue à l'application. Outre que cela diminue la complexité de cette application et facilite donc sa réalisation et sa maintenance, ce type de séparation des activités permet d'exploiter le parallélisme des machines.

Il s'agit donc de mettre en place une plate-forme adaptée au problème à résoudre et donc susceptible d'apporter des possibilités de solutions conduisant à une réalisation plus simple de l'appplication. Le rôle d'une plate-forme d'exécution est de placer l'application dans un environnement virtuel adapté à son mode de fonctionnement afin d'en réduire la complexité. Elle interagit avec l'application selon un mode intrusif ou non intrusif. L'application interagit à son tour avec la plate-forme par le biais de l'intergiciel (voir Figure 9) qui propose des services et assure la communication des informations. Les états de la plate-forme doivent refléter ceux des entités virtuelles qu'elle propose. Ils doivent donc évoluer conformément à la définition de ces éléments virtuels en fonction des modifications qu'ils subissent tant de la part de l'application que de la PF elle-même. Ces évolutions d'états sont assurées par le modèle d'exécution de la PF qui permet, en fonction des interactions avec l'application, de maintenir un état conforme aux entités représentées (voir Figure 12).

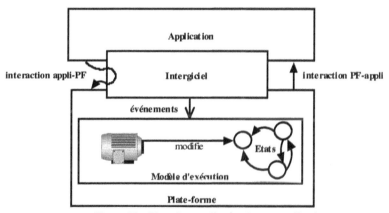

Figure 12 : Plate-forme d'exécution et application

Les plates-formes non intrusives offrent aux applications qu'elles supportent un certain nombre de services et assurent elles mêmes les traitements relatifs à ces services. Le concepteur de l'application peut ainsi se concentrer sur les préoccupations métier et confier à la plate-forme les opérations non-fonctionnelles. Toutefois si la complexité peut provenir du problème à résoudre, elle peut aussi être introduite ultérieurement dans le cycle de vie d'une application. Ainsi l'évolution d'une application est également la cause de l'introduction de complexité. L'utilisation d'une plate-forme peut alors permette de déporter tout ou partie de cette complexité sur l'environnement qu'elle fournit au travers des services qu'il offre.

Les plates-formes intrusives placent l'application dans un contexte d'exécution qui peut directement les modifier. La réalisation des applications par objets et composants est particulièrement adaptée à ce type de fonctionnement. Elle permet à la plate-forme d'intervenir sur les composants par le biais d'interfaces de contrôle mais aussi de modifier l'architecture même de ces applications. L'ajout, la suppression et le déplacement de composants ainsi que la réorganisation des interconnexions sont les moyens que peut employer la plate-forme pour restructurer l'application. Ce type de plate-forme permet la prise en compte du contexte d'exécution et l'adaptation dynamique de cette dernière à ce contexte. Les modifications du contexte peuvent induire une dégradation (ou une amélioration) des conditions d'exécution de l'application. Ceci peut se traduire par une perte de qualité de service ou par le fait que le service offert est inférieur à celui que l'on pourrait proposer. Par leur possibilité qu'elles offrent d'adapter dynamiquement l'application, les plates-formes intrusives répondent bien aux problèmes de qualité de service et d'environnements mouvants. La prise en compte de la qualité de service suppose d'avoir une vision complète du contexte mais aussi de l'application en cours d'exécution pour pouvoir choisir la reconfiguration la plus à même de l'améliorer. Réaliser une application réflexive, surtout si elle est distribuée, est difficile. En créant un environnement d'exécution capable de connaître à la fois l'état de l'application et son architecture et ayant connaissance du contexte on peut apporter une solution à ce problème. Les concepteurs de l'application peuvent alors se concentrer sur les seuls aspects fonctionnels tandis que la plate-forme fera en sorte qu'ils puissent s'exécuter correctement.

I – 3 Synthèse

Les solutions à la complexité du logiciel sont de plus en plus appelées à passer par la virtualisation. La complexité des applications se reflète dans leur nombre croissant d'états. Les changements d'états peuvent alors devenir non déterministes [8] compromettant ainsi la stabilité des applications [9].

La virtualisation peut se situer au niveau de la réalisation des applications comme à celui de leur exécution. Dans la première catégorie se situent les API des systèmes d'exploitation, les bibliothèques des langages, les services des intergiciels et les modèles ou canevas. Dans la seconde se trouvent les systèmes d'exploitation, les machines virtuelles et les plates-formes.

La Figure 13 place sur ces deux axes de virtualisation quelques exemples connus.

La virtualisation peut faire appel à l'apport conjugué du support de réalisation et du support d'exécution. L'axe "virtualisation" (diagonale sur la Figure 13) s'explique ainsi :

- Le système d'exploitation virtualise le matériel par son noyau et les APIs qu'il offre
- La MVJ virtualise le matériel et son système d'exploitation par son interpréteur du langage java et les bibliothèques de classes qu'elle offre.
- Les plateformes comme J2EE et .NET virtualisent la distribution par l'intergiciel et le support d'exécution.
- Les architectures logicielles peuvent permettre de virtualiser l'environnement, le contexte d'exécution, la mobilité ….

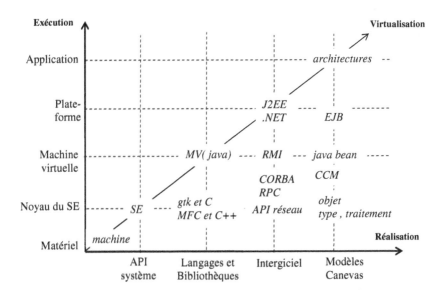

Figure 13 : Axes de virtualisation

Légende des acronymes utilisés dans cette figure :
    CCM (Corba Component Model) : modèle de composants proposé par l'OMG
    CORBA : Common Object Request Broker Architecture
    EJB : Entreprise java Beans
    gtk : graphical tool kit
    MFC : Microsoft Foundation Classes
    MV : Machine Virtuelle
    RMI : Remote Method Invocation
    RPC : Remote Procedure Call
    SE : Système d'exploitation

Le point important dans toutes ces démarches de virtualisation est celui de la gestion conjuguée des états des diverses couches. Il est primordial de pouvoir faire en sorte que ces états restent cohérents. Dans le cas contraire le fonctionnement des applications devient incontrôlable en raison d'évolutions des couches externes dont l'application n'a pas eu connaissance.

Le théorème de Popek et Goldberg [37] montre que, pour qu'une machine virtuelle puisse être réalisée il faut assurer l'isomorphisme entre ces états. Les plates-formes n'ayant pas vocation à être des machines virtuelles, elles n'ont pas besoin de conserver un tel isomorphisme. Toutefois il est indispensable de proposer des moyens d'interaction entre ces couches pour maintenir la cohérence des états. Cela signifie que les changements d'états de l'une puissent provoquer des changements d'états de l'autre.

Je vais, dans la suite de ce mémoire, montrer comment ont été traités ces aspects de changements d'états et de cohérence dans les divers travaux de recherche que j'ai menés sur les plates-formes ainsi que les mécanismes mis en œuvre pour assurer l'interaction plate-forme / application.

Chapitre II - Plates-formes non intrusives

Je vais présenter ici les plates-formes non intrusives sur lesquelles j'ai travaillé. Je m'efforcerai de montrer comment elles interagissent avec les applications qu'elles supportent et à quel niveau de virtualisation elles se situent.

Lors de mes travaux au laboratoire CERFIA[6] de l'université Paul Sabatier de Toulouse dans l'équipe "architecture des systèmes parallèles", j'avais étudié une plate-forme non intrusive permettant de virtualiser une architecture multiprocesseur ARMOR[7]. L'objectif final était la réalisation d'une machine permettant l'implantation d'algorithmes de traitement de la parole en temps réel. Cette machine devait être modulaire et manuellement reconfigurable de façon à pouvoir être adaptée aux algorithmes implémentés [53][54]. Bien qu'initialement étudiée pour le traitement de la parole, l'architecture retenue convient à tout type de traitement de flots continus de données en temps réel [56]. La plate-forme installée sur cette machine virtualise l'architecture matérielle de façon à la faire apparaître comme un ensemble d'opérateurs de flots continus de données interconnectés conformément aux besoins de l'application [55]. Elle permet de constituer un graphe dont chaque nœud est soit un opérateur effectuant un traitement sur un flot continu de données soit un sous graphe matérialisé par une autre machine dotée de sa propre plate-forme. Ces travaux m'ont conduit à penser que l'utilisation de telles plates-formes pouvait être appliquée à de nombreux autres domaines dès lors qu'il s'agissait de fournir un environnement d'exécution spécialisé aux applications.

Les plates-formes non intrusives se caractérisent par le fait qu'elles ne peuvent provoquer de changement d'état de l'application que par le biais d'écouteurs (voir Figure 11 page 22). Ces écouteurs peuvent être des données accessibles de l'extérieur de l'application elle-même ou du code inséré dans l'application pour réagir à des événements provenant de la plate-forme.

Lorsque l'on conçoit une application on peut utiliser une plate-forme pour constituer un environnement d'exécution adapté qui prend en charge une partie de ce qu'elle devrait faire. Cette approche est illustrée par le premier travail que je vais présenter et qui concerne le projet de BD virtuelle auto cohérente Adactif. Le rôle de la plate-forme est de créer une BD virtuelle respectant automatiquement des règles d'auto cohérence définies par son concepteur. Il s'agit d'offrir un mode d'accès à la base de données grâce auquel sont mises en œuvre des actions sur la BD visant à en assurer la cohérence sans que l'application n'ait à s'en soucier. Ces travaux ont été effectués dans le cadre de la thèse de Chawki Tawbi en collaboration avec P. Bazex de l'IRIT [59] que j'ai co-encadrée d'abord avec G. Jaber puis avec P. Aniorté et ont fait l'objet de plusieurs publications.

---

[6] CERFIA : Cybernétique des Entreprises Reconnaissance de Formes Intelligence Artificielle (UA CNRS 824).
[7] ARMOR : Architecture Modulaire Reconfigurable

Faire évoluer une application consiste généralement à modifier son code ou lui adjoindre de nouveaux modules. Toutefois, une augmentation faible de la complexité d'un problème peut se traduire par une augmentation importante de celle du logiciel [52]. La difficulté de cette opération est d'autant plus élevée que l'application est déjà par elle-même complexe. On peut alors choisir d'utiliser une PF pour créer un environnement d'exécution adapté qui prend en charge tout ou partie de cette évolution. Cette approche est illustrée par le projet de réingénierie d'application pour introduire la coopération nommé Elkar[8]. Le rôle de la plate-forme est alors de fournir à ces applications un environnement d'exécution virtuel permettant leur mise en coopération. Pour ce faire elle constitue les applications en groupes de travail dynamiques. En cours d'utilisation de nouveaux groupes de travail sont constitués et d'autres disparaissent. Les applications intègrent ou quittent un groupe selon le modèle de coopération mis en œuvre à un instant donné. Comme ce travail se situe dans le cadre de la réingénierie, les applications ne sont pas modifiées. C'est seulement le contexte d'exécution dans lesquelles elles se situent qui fait qu'elles reçoivent les informations correspondant au mode de coopération mis en place. Ces travaux ont été effectués dans le cadre de la thèse de Philippe Roose [63] au laboratoire LIA (Laboratoire d'Informatique Appliquée) de l'UPPA avec la collaboration de l'entreprise de messagerie Alloin (ex Laussuy) et ont fait l'objet de plusieurs publications. J'ai co-encadré cette thèse, sous la direction de B. Causse, avec P. Aniorté.

Qu'il s'agisse de créer un environnement adapté à une application ou à une évolution d'application, l'objectif est toujours de réduire la complexité. C'est cet environnement virtuel qui prend à sa charge une partie de la complexité qui devrait incomber à l'application. Nous allons maintenant montrer comment cette virtualisation permet de réduire la complexité de l'application finale.

II – 1 Virtualiser pour réduire la complexité

Dans le chapitre I, les causes de la complexité ont été identifiées : elles proviennent des traitements, des données ou du parallélisme (voir I – 1.2).

Lorsque la complexité d'une application a pour origine celle des traitements qu'elle effectue, il convient d'apporter une solution à l'éloignement entre les possibilités de traitement du processeur et celles souhaitées par l'application. L'objectif est donc d'offrir au développeur un "jeu d'instructions" correspondant au type de traitements dont il a besoin. Ce type de virtualisation relève du domaine des langages de programmation et des bibliothèques qu'ils offrent. C'est donc naturellement vers la définition de telles bibliothèques que devra se porter le choix.
En revanche lorsqu'elle provient des données ou du parallélisme, la création d'un environnement adapté peut permettre de réduire la complexité. Ceci impose de pouvoir identifier les causes de cette complexité de façon à définir l'environnement qui convient.

Dans le cas des données, cette complexité peut être fortement réduite en créant un environnement d'exécution adapté à l'application. Il s'agit dans ce cas de proposer un environnement fournissant un SI virtuel auquel le concepteur de l'application peut adjoindre des règles de fonctionnement propres au problème traité. La plate-forme prend alors totalement en charge la gestion de ce SI que l'application se contente d'utiliser. Le problème

---

[8] Elkar est un mot basque qui signifie "ensemble"

revient à identifier le mode particulier de gestion du système d'information (SI) propre à une application ou une famille d'applications. L'environnement virtuel offrira alors un SI spécialisé correspondant à ce type d'utilisation. Le support privilégié des SI est la base de données. Les SGBD permettent une exploitation aisée et efficace de ces SI en particulier au travers des langages qu'ils proposent (comme le SQL). Toutefois ces langages de requêtes n'ont pas vocation à offrir davantage qu'un moyen d'accès à la BD tandis que la gestion de la cohérence et de l'intégrité du SI reste à la charge du concepteur de l'application. Cette constatation a donné lieu à de nombreuses recherches autour du concept de SGBD actif. L'idée de rendre actifs les SGBD trouve son origine dans les triggers des systèmes relationnels [80][81]. Elle se révèle efficace pour résoudre des problèmes classiques tels que les contraintes d'intégrité [65], le contrôle d'accès, les données dérivées et la gestion de vues [66], ainsi que pour gérer des domaines plus larges comme l'interactivité et les interfaces réactives [67]. C'est pourquoi, au début des années 90, de nombreuses recherches ont été menées autour des BD actives relationnelles [74][76][78] et à objets [68][69] et ont donné naissance à des prototypes comme EXACT [70], SAMOS [71], Ode [72], Ariel [73], HiPAC [75], Alert [77] et Starbust [79]. Assurer que ce SI reste, malgré ses évolutions, cohérent et consistant est une préoccupation importante des concepteurs [64].

Lorsque la complexité provient du parallélisme il est également possible d'envisager une approche par environnement virtuel. Il s'agit dans ce cas de proposer un environnement de communication prenant en compte les spécificités des applications. La plate-forme définie devra offrir un intergiciel de communication spécialisé mais aussi des mécanismes liés au parallélisme (synchronisation, rendez-vous, etc.). De nombreux travaux ont été menés dans ce sens en particulier pour les applications de calcul parallèle. Ainsi on peut citer par exemple PVM (Parallel Virtual Machine) [131] qui est une plate-forme, développé à Oak Ridge National Laboratory. Elle permet d'utiliser un ensemble de stations de travail Unix reliées par un réseau comme une machine parallèle virtuelle. Les problèmes de calculs intensifs peuvent ainsi être résolus en utilisant les puissances et mémoires réunies de plusieurs stations. De même l'intergiciel MPI (Message Passing Interface) [133] offre des services d'envoi/réception de messages et de rendez-vous mais surtout permet la constitution de groupes de processus. Il est très largement utilisé dans le domaine des grilles de calcul. Plus près de nous on trouve les travaux de l'équipe GOAL (Groupe sur les Objets et composAnts Logiciels) du LIFL avec, en particulier la plate-forme PM^2 [132] basée sur un modèle de programmation par appel de procédures à distance (RPC).
Toutes ces solutions sont destinées à des applications développées pour fonctionner dans l'environnement qu'elles proposent. Dans le cadre de la réingénierie d'applications il n'est généralement pas possible d'intervenir sur le code des applications pour les rendre compatibles avec un tel environnement. Même lorsque c'est le cas il est parfois nécessaire de procéder à une rétro-ingénierie de l'application avant de pouvoir la modifier. Lorsque le type d'évolution envisagé le permet, il est possible de se tourner vers la création d'une plate-forme d'exécution capable de placer l'application dans un environnement virtuel lui permettant de fonctionner comme on le souhaite. Si l'application ne doit pas être modifiée il faut faire en sorte que la plate-forme assure la totalité des nouvelles fonctionnalités. Dans le cas contraire il est possible de faire en sorte qu'elle en assure certaines de façon à réduire la complexité induite par l'évolution de l'application.

Nous allons maintenant voir comment cette approche par création d'un environnement d'exécution virtuel a pu être mise en œuvre dans les deux cas. Le projet Adactif illustre comment la complexité interne liée à la cohérence du SI a pu être résolue par la création d'une plate-forme. Le projet Elkar montre comment l'évolution d'un ensemble hétérogène d'applications vers la constitution d'une application par coopération a pu être résolu à l'aide d'une plate-forme sans modifier ces applications.

II – 1.1 Créer un environnement adapté à une application

La manipulation d'une BD dans une application conduit inévitablement le développeur à introduire dans le code produit une quantité importante de lignes destinées à assurer la cohérence des informations qu'elle contient. Ainsi, par exemple la suppression d'une information peut conduire à la suppression d'autres informations dont l'existence n'a plus lieu d'être du fait de la disparition de la première.
Le concepteur définit un ensemble de règles de cohérence qu'il applique ensuite en divers points de son application. Il est alors tout à fait concevable d'utiliser une plate-forme à laquelle ces règles de cohérence sont données et qui les applique automatiquement lorsque c'est nécessaire. L'application proprement dite se voit alors allégée de ce code de contrôle pour ne conserver que les fonctionnalités qui lui sont propres.

L'objectif de la plate-forme Adactif est de proposer à l'application une BD virtuelle offrant les services habituels d'une BD mais à laquelle on peut fournir des règles de cohérence qu'elle appliquera automatiquement. Le concepteur peut alors centrer ses traitements sur le cœur de métier de l'application sans avoir à se soucier des vérifications et des mises en conformité du SI. Ce type d'approche est particulièrement intéressant lorsque ce SI est partagé par plusieurs applications concurrentes ou coopérantes. Chacune peut alors l'utiliser à son gré en sachant qu'il s'auto ajustera lors de chaque modification.

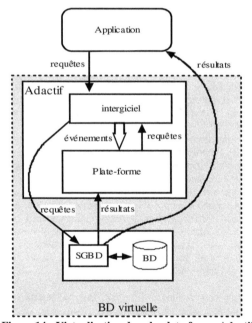

Figure 14 : Virtualisation dans la plate-forme Adactif

Le principe retenu dans Adactif est de proposer un intergiciel que l'application utilise en lieu et place du SGBD. Son rôle est donc de virtualiser le SGBD sous-jacent de sorte que l'application n'a pas à le connaître. Il offre les services habituels d'un SGBD au travers desquels il capture les changements d'états de l'application relatifs à son SI. Ces changements d'états provoquent des changements d'états de la plate-forme grâce auxquels elle assure la cohérence du SI en tenant compte des règles définies pour cette application. On aboutit alors au schéma de principe présenté à la Figure 14. L'ensemble constitue donc une couche de virtualisation de la BD qui la présente comme un support spécialement adapté au SI de l'application.

II – 1.1 Créer un environnement adapté à l'évolution d'une application

De nombreuses entreprises utilisent quotidiennement un ensemble d'applications distinctes et non compatibles entre elles. Ces applications ont été ajoutées au cours du temps pour automatiser telle ou telle activité de l'entreprise. Certaines ont été spécialement développées par des sociétés de service d'autres s'appuient sur des tableurs, des bases de données, etc. Les informations persistantes placées dans des fichiers ou des bases de données peuvent parfois être réutilisées d'une application à une autre moyennant des remises en forme, des tris, des extractions, etc. Les autres informations – saisies, affichées ou imprimées – sont non récupérables directement et doivent en général faire l'objet de nouvelles saisies. De plus ces applications sont implantées sur des postes distincts parfois éloignés et initialement sans lien entre eux. La mise en réseau de ces postes permet d'envisager l'établissement de liens directs entre ces diverses applications sans intervention humaine. Ceci conduit à envisager la réalisation d'un ensemble de modules disposés sur les divers postes et dont l'objectif est de remplacer le travail anciennement fait par des opérateurs humains. Ces modules ont pour rôle de collecter les diverses informations, de les mettre en forme et éventuellement de les fusionner puis de les transmettre aux applications qui le souhaitent. Une telle approche est souvent, au moins partiellement, utilisée mais introduit une très importante complexité à l'application finale.

Le projet Elkar s'intéresse à ce type de situation. L'objectif visé est que les diverses applications existantes soient organisées de façon à apparaître comme des modules coopérant pour former une application unique. Bien entendu, la totalité de ces modules n'est pas utilisé en permanence. C'est pourquoi Elkar se base sur la constitution de groupes de travail c'est-à-dire de groupes dans lesquels les modules communiquent essentiellement entre eux [88]. Au cours du temps des groupes de travail se forment et se dissolvent tandis que des modules intègrent et quittent les groupes. Ceci correspond aux liens qui étaient, jusqu'à lors, manuellement créés entre les applications par des saisies, des copies de fichiers etc. Il est parfaitement possible, à partir de ces liens, de définir les groupes de travail correspondant aux diverses phases d'exploitation.

La mise en coopération sous entend une complète réorganisation de l'application. Dans Elkar, nous considérons pour cela deux niveaux d'abstraction : le groupe de travail (dynamique) et le module opératoire. Nous basons la coopération sur la constitution de ces groupes de travail et la mise en œuvre d'échanges d'informations. C'est pourquoi nous désignerons par la suite ces informations sous le nom d'éléments de coopération (EC). Aussi ne nous intéressons nous qu'aux aspects de constitution et d'évolution des groupes de travail, ainsi qu'aux aspects de communication entre les modules et les groupes, sans intervenir sur les fonctionnalités de ces modules ni sur la structure du système d'information. Nous supposons en particulier que les modules opératoires existent et que le système d'information (SI) de l'application est déjà défini.

Une coopération efficace passe autant par une bonne communication que par une bonne organisation en groupes de travail. Un groupe de travail peut s'étendre sur plusieurs sites géographiques au travers d'un réseau tout en ne formant qu'une seule et unique entité virtuelle. La composition de ces groupes est aussi importante que le travail lui même réalisé à l'intérieur par les modules. La mise en coopération n'est pas seulement une mise en relation. Elle contient du sens par rapport à l'application, de ce fait elle doit en refléter l'évolution. Dans ce but Elkar permet la création de groupes dynamiques dans leur composition et leur existence même.

La plate-forme de coopération a pour but de gérer ces groupes, c'est-à-dire de les constituer, de les modifier et de les détruire en fonction de l'utilisation qui est faite de l'application. Au travers de l'intergiciel l'existence de ces groupes définit la circulation des EC et permet la création d'EC plus riches sémantiquement et donc plus appropriés au mode de coopération mis en place. Ceci peut être obtenu en combinant des EC pour en constituer de nouveaux mettant en relation pertinente, vis-à-vis de la coopération, le contenu des anciens. Ce mode de gestion différencie Elkar des plates-formes qui offrent des services permettant la mise en coopération d'entités qui choisissent elles mêmes de se constituer en groupes comme CHOOE [89] ou de celles qui assurent la coordination comme SIRAC [90][91][92][93].

Elkar propose d'utiliser une plate-forme de façon à offrir à l'ensemble des applications un environnement d'exécution permettant la coopération. En effet la seule mise en réseau de ces applications ne suffit pas. La constitution de groupes de travail dynamiques suppose que la circulation de l'information est dirigée par cette structuration en groupes. Le rôle d'une application dans l'ensemble coopératif n'est plus seulement défini par ce que fait cette application mais aussi, et surtout, par sa place dans la coopération.

Pour illustrer ceci je vais prendre un exemple tiré de notre collaboration avec l'entreprise de messagerie Alloin. Considérons une application dont le rôle est de fournir une interface de constitution de lots de colis pour le chargement de camions. Lorsque cette application est utilisée pour la constitution de lots à destination nationale, elle doit pouvoir accéder aux informations relatives à cette activité et à elles seules. De plus elle doit coopérer avec les autres applications jouant un rôle similaire en d'autres lieux. Il faut, en effet, éviter qu'un même colis soit pris en compte dans deux lots différents ou soit oublié. L'arrivée d'un colis correspond à un message contenant les informations utiles à son transport (poids, taille, etc.). Ce message ne doit donc lui parvenir que s'il concerne un lot à destination nationale. C'est le rôle de la plate-forme que de lui donner ce type d'accès ciblé. Cependant, il est tout à fait possible qu'ultérieurement cette même interface soit utilisée pour la constitution de lots de colis à destination internationale. Dans ce cas seules les données relatives à ce type de colis doivent lui être rendues accessibles. Il est donc du devoir de la plate-forme d'organiser la circulation des informations de telle sorte que chaque application accède à celles dont elle a besoin et à elles seulement.

Il faut que la plate-forme ait une connaissance, non seulement des EC à transmettre mais aussi de l'état actuel de l'application. Ceci signifie que les états de la plate-forme devront refléter l'évolution de l'application en terme de coopération.

C'est de cette façon que la plate-forme permet la réingénierie de ces applications pour les rendre coopératives. Elle propose un environnement virtuel adapté aux modes de coopération de l'application et utilise un intergiciel de coopération pour la circulation des informations. Comme nous sommes dans le cadre de la réingénierie il est indispensable que les applications qu'elle supporte continuent à fonctionner comme si elles étaient autonomes et indépendantes et sans avoir subi de modifications (voir Figure 15).

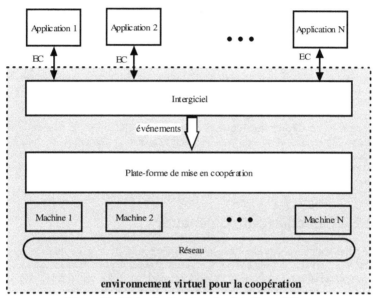

Figure 15 : Virtualisation dans la plate-forme Elkar

La plate-forme propose un environnement virtuel sur lequel vient s'exécuter l'application. L'état de cet environnement doit évoluer en fonction des besoins de l'application. Dans ce but la plate-forme reçoit de l'application des informations relatives à son activité. C'est par le biais de cette interaction que la plate-forme pourra maintenir un état isomorphe à celui de l'application relativement à cet environnement virtuel. Nous allons maintenant voir comment cette interaction a pu être mise en œuvre dans le cas d'une application conçue pour fonctionner dans cet environnement et dans celui de la réingénierie.

II – 2 Interactions application plate-forme

L'interaction entre l'application et la plate-forme permet à cette dernière de suivre les évolutions de l'application. Elle peut se faire de deux façons :

- Par services :
  L'intergiciel de la plate-forme propose des services grâce auxquels elle peut connaître l'évolution de l'application. Ces services permettent l'utilisation de l'environnement virtualisé. C'est le cas d'Adactif avec des services d'accès à la BD virtuelle.

- Par conteneurs :
  L'application ou ses différents modules sont placés dans des conteneurs qui en surveillent l'évolution et en informent la plate-forme. C'est la seule solution lorsque l'on ne peut pas ou ne veut pas introduire d'appels de services dans l'application. C'est le cas de ELKAR puisqu'on est dans une démarche de stricte réingénierie.

II – 2.1 Interaction par services

Lorsque l'environnement virtuel créé par la plate-forme offre des services à l'application celle-ci les utilise librement. Les états de la plate-forme doivent refléter ceux de cet environnement virtuel. On a vu que le principe de base de la virtualisation est qu'il est indispensable de conserver un isomorphisme entre ces états et la situation réelle. Toute modification de cette situation doit donc provoquer une modification équivalente de l'état de la plate-forme.

Dans ce but toute activité de l'application susceptible de modifier l'environnement doit être connue de la plate-forme de façon à adapter son état. Les interactions application plate-forme sont donc essentielles car ce sont elles qui vont permettre à cette dernière d'assurer convenablement son rôle de virtualisation.

L'application utilise directement l'environnement virtuel, elle le fait au travers de services offerts par l'intergiciel. Ces services analysent l'opération demandée et informent en conséquence la plate-forme. Ainsi l'intergiciel d'Adactif propose un SGBD permettant à l'application d'accéder à la BD virtuelle. Ce SGBD exécute les requêtes et transmet à la plate-forme des événements signalant les modifications d'état de la BD.

II – 2.2 Interaction par conteneurs

Lorsque l'application n'utilise pas directement l'environnement virtualisé, il est nécessaire de "l'espionner" pour surveiller son activité. Ceci est réalisé par des conteneurs d'application. Ces conteneurs encapsulent l'application et peuvent ainsi contrôler son activité. Ce type de solution pose de nombreux problèmes car il n'est pas évident de s'assurer que le conteneur détecte toutes les actions pertinentes de l'application. Lorsqu'elle est possible, l'utilisation de canevas permet de résoudre ce problème. En effet les canevas proposés doivent être respectés par l'application ce qui est particulièrement aisé lorsque celle-ci est conçue en objets puisque l'héritage ou l'implémentation d'un canevas suffit. C'est de cette façon qu'une applet java peut être contrôlée par le navigateur qui la contient.

Dans le cas particulier d'Elkar, contrairement à ce qui se passait dans Adactif, les applications n'utilisent pas directement l'intergiciel. En effet, comme il s'agit de réingénierie, il n'est pas possible d'introduire dans le code des applications des appels de services. Il faut donc se tourner vers une solution de type conteneur. De plus, comme il s'agit d'applications existantes, l'utilisation d'un canevas ne peut pas être envisagée. Le conteneur doit donc directement agir sur les données entrantes et sortantes de ces applications. Il récupère ces informations et les transmet à d'autres conteneurs d'application en utilisant les services de l'intergiciel. C'est ce dernier qui définit la circulation de ces informations en fonction des groupes de travail constitués. L'application produit et consomme, comme elle le faisait avant la mise en coopération, des informations qu'elle puise dans son environnement. La présence du conteneur fait que cet environnement est maintenant connecté, via l'intergiciel, à celui d'autres applications. De sorte que les informations produites sont envoyées à d'autres applications et que celles consommées proviennent d'autres applications. De par la présence de ces conteneurs, l'intergiciel assure la totalité des échanges d'information dans l'application coopérative. Il est alors à même de remplir son rôle d'information de la plate-forme (voir Figure 16).

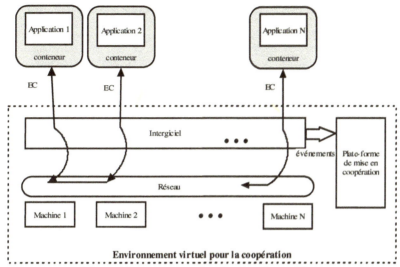

Figure 16 : Interactions dans la plate-forme Elkar

Le conteneur d'application constitue le lien entre les applications et le reste de la plate-forme. Son rôle est de capturer les informations issues de l'application qu'il encapsule et de lui transmettre celles dont elle a besoin.

Dans la mesure où l'on ne souhaite pas ou ne peut pas intervenir sur le code des applications, le conteneur doit procéder de façon indirecte. Il n'y a pas là de solution type et la réalisation du conteneur ne peut qu'être faite au coup par coup. On peut toutefois proposer quelques pistes.

- La récupération des informations provenant ou en direction de dispositifs physiques (capteurs, imprimantes, etc.) peut se faire par "écoute" de la liaison physique, par exemple en y posant une dérivation.
- Les informations correspondant à des saisies ou des affichages dans des dispositifs alphanumériques peuvent faire l'objet de redirection de ces dispositifs si le système d'exploitation le permet.
- Les informations correspondant à des informations persistantes sont plus aisément accessibles puisque les fichiers ou les BD qui les contiennent peuvent être scrutés et modifiés.

Les interactions de l'application avec la plate-forme passent par l'intergiciel et par les conteneurs. Par ailleurs, lorsque l'application est distribuée, c'est également l'intergiciel qui assure la circulation de l'information. Il constitue donc le lien privilégié avec l'application. Nous allons maintenant voir comment l'intergiciel participe à la constitution de l'environnement virtuel fourni par la plate-forme.

II – 3 L'intergiciel

Lorsque l'intergiciel offre des services à l'application, c'est au travers de ces services qu'est mise en place l'interaction application plate-forme. Se pose alors le problème de la granularité de cette interaction. Pour que la plate-forme adapte correctement son état interne elle doit être informée de toutes les actions "pertinentes" de l'application. Se pose ici le classique problème d'isomorphisme des états de la plate forme. Si cet isomorphisme n'est pas assuré, la plate-forme ne sera plus capable de fournir un environnement virtuel cohérent. L'intergiciel doit donc être capable de fournir à la plate-forme suffisamment d'événements pour que cet isomorphisme puisse être assuré. Ceci revient à définir des actions unitaires dont toute action de l'application est composée. Si l'intergiciel propose des services de plus haut niveau, il devra informer l'application à chaque étape.

Le second rôle de l'intergiciel est de cacher la répartition en assurant la circulation des données au travers du réseau. Il a alors en charge non seulement la circulation des informations mais aussi leur mise en forme. En effet, cacher la répartition ne peut pas seulement consister à mettre en communication les divers sites supportant l'application. Ceci est le rôle du réseau. L'intergiciel doit faire en sorte que les informations transmises soient compréhensibles par leur récepteur. De plus il a pour tâche de constituer des informations sémantiquement correctes vis-à-vis de l'application. Dans ce but il peut être appelé à modifier le format des informations mais également à les assembler en informations dont la sémantique est définie par la coopération. Ce rôle est particulièrement essentiel dans le cas de la mise en coopération d'applications. Nous verrons que, dans Elkar, l'intergiciel fait appel à des connecteurs pour l'adaptation et la composition d'information.

Enfin l'intergiciel peut permettre à la plate-forme de piloter ces communications en fonction de son état interne. Dans le cas d'Elkar, on a vu que les états de la plate-forme reflétaient les évolutions de l'application en terme de coopération. Comme les applications ne se connaissent pas entre elles, c'est bien la plate-forme qui, conformément à la coopération actuellement mise en place, décide de la circulation des informations. Elle fait ainsi en sorte que seules les applications appelées à coopérer puissent communiquer. Tandis que les services de l'intergiciel font en sorte que cette communication soit conforme aux besoins.

II – 3.1 Offre de services

Dans le cas d'Adactif, la plate-forme doit gérer les évolutions de la BD virtuelle à partir de règles définies par le concepteur de l'application ce qui consiste à provoquer des modifications de cette BD en réponse à celles induites par l'application. Se pose, bien évidemment, ici le problème de granularité d'intervention. Les SGBD permettent d'effectuer des opérations ensemblistes portant sur plusieurs entités de la BD en même temps. Ceci signifie qu'une seule opération peut provoquer la modification de plusieurs entités du SI. Le rôle de l'intergiciel est donc de décomposer ces opérations ensemblistes en une suite d'opérations simples de façon à pouvoir détecter tous les événements élémentaires qu'elle doit provoquer. La conservation de la cohérence du SI est intimement liée à sa sémantique. Il est donc nécessaire que, lorsqu'il spécifie les règles à appliquer lors des modifications, le concepteur puisse indiquer si elles doivent être appliquées avant ou après la modification. Cette notion indispensable au bon fonctionnement a été introduite pour les triggers de SQL3 [82] grâce aux modificateurs *BEFORE* et *AFTER* et retenue dans la majorité des plates-formes pour BD actives [83]. L'intergiciel peut ainsi transmettre à la plate-forme les événements de modification du SI dans l'ordre voulu.

Le second point important est celui des transactions. Il est indispensable de connaître les changements d'états de l'application en termes de points de cohérence. L'intergiciel traite les opérations d'ouverture/fermeture de transactions faites par l'application et, de ce fait, peut associer chacun des événements qu'il génère à la transaction qui le contient.

L'application n'étant pas répartie, l'intergiciel d'Adactif ne remplit aucune fonction de circulation d'information.

II – 3.2 Gestion de la répartition

Dans le cas de la mise en coopération d'applications existantes, les divers modules de l'application finale n'ont pas été conçus pour coopérer. Ils produisent et utilisent des informations qui se trouvent dans leur environnement immédiat. Leur mise en coopération consiste donc à faire en sorte que les éléments qui participent à la coopération soient prélevés de l'environnement d'un module pour être transportés dans celui d'un autre.
Il convient, dans un premier temps, d'identifier les types d'informations qui pourront faire l'objet de la mise en coopération.

Les modules étant des applications à part entière (on parlerait maintenant de *COTS Products*), leurs relations avec leur environnement se font par des informations persistantes ou éphémères. Les informations éphémères (saisies, affichages, valeurs lues sur un capteur ou envoyées à un actionneur ...) sont les plus difficiles à capturer. Au premier abord on pourrait penser que les informations persistantes sont plus disponibles, toutefois s'il est aisé de les trouver lorsqu'elles sont dans un fichier ou une BD il n'en est pas de même lorsqu'elles sont conservées sous la forme d'une impression. Nous avons évoqué précédemment comment cette capture peut être faite.

Elkar identifie trois types d'éléments de coopération :
– les événements;
– les messages;
– les données.
Par nature les événements sont éphémères tandis que les données sont persistantes. Les messages peuvent être persistants lorsqu'il s'agit d'impressions mais ils sont généralement, eux aussi, éphémères.

II – 3.2.1 Transmission des éléments de coopération

L'intergiciel doit permettre le transport de ces éléments de coopération. Un langage de description de la circulation des EC permet d'en définir le fonctionnement. Ce langage nomme et type chacun des EC en précisant le groupe ou le module qui les produit ainsi que les groupes ou les modules qui les reçoivent. Sa forme est la suivante :

Définir	Événement Message Donnée	nom	De	*groupe* *module* Dans *groupe*

Définir	Événement Message Donnée	nom	Pour	*groupe* *module* Dans *groupe*

Lorsqu'un EC est capturé par un container de module, il est étiqueté et transmis à un gestionnaire d'éléments de coopération (GEC). Celui-ci identifie le ou les destinataires de l'EC grâce à la description faite par ce langage. L'EC est alors envoyé aux destinataires directement ou via le réseau par l'intermédiaire d'un gestionnaire de communication (GC).

Les origines et les destinations peuvent être des modules ou des groupes de travail. Lorsque le destinataire est un groupe, l'EC est envoyé à tous les modules de ce groupe. Lorsque l'émetteur est identifié comme étant un groupe, l'EC doit être constitué par l'intergiciel, ce cas sera décrit en 3.2.3.

II – 3.2.2 Adaptation des éléments de coopération

Les EC tels qu'ils ont été récupérés ne sont pas obligatoirement au format souhaité par le ou les récepteurs. L'intergiciel utilise alors des connecteurs d'adaptation. Ce sont des programmes qui transforment l'EC reçu pour le mettre dans le format voulu assurant ainsi l'interopérabilité technique. Lorsqu'une telle transformation est nécessaire il suffit d'introduire le connecteur dans le chemin défini (voir Figure 17) ce qui au niveau du langage s'écrit :

    Définir EC ec1 De émetteur
    Définir EC ec1 Pour connecteur
    Définir EC ec2 De connecteur
    Définir EC ec2 Pour récepteur

Figure 17 : Transformation d'éléments de coopération par connecteur

Ce langage est plus amplement détaillé dans [63].

II – 3.2.3 Composition d'éléments de coopération

La mise en coopération ne consiste pas uniquement en la transmission d'EC. En effet, lorsque les divers modules constituant maintenant une application unique étaient utilisés séparément, les communications entre eux étaient faites par des opérateurs humains. Toutefois ceux-ci ne se contentaient pas toujours de recopier certaines informations issues d'une application dans une autre. Il arrive fréquemment que plusieurs informations glanées en plusieurs endroits soient nécessaires pour constituer une entrée [61]. De plus ces transferts doivent être effectués à certains moments et non dès qu'ils sont possibles. Ainsi par exemple l'entrée saisie dans le module A peut être constituée d'une information affichée dans le module B complétée par une information placée dans une BD par le module C et n'être saisie que lorsque le module D a terminé l'impression d'un état (Figure 18).

La structuration en groupes de travail crée une application à partir de modules indépendants. Elle introduit donc une sémantique nouvelle qui n'est pas celle des seuls modules indépendants. Un groupe de travail est maintenant vu comme une entité à part entière de l'application et peut donc être émetteur d'EC. Ceci signifie qu'il produit une information qui est obtenue à partir de divers EC issus des modules qu'il contient.

Pour ces raisons il est nécessaire de pouvoir composer des EC pour en fabriquer de nouveaux. Le principe retenu est toujours celui de connecteur mais dans ce cas le connecteur possède plusieurs entrées. Le langage défini permet d'exprimer ceci suivant le même principe que celui décrit pour l'adaptation (voir 3.2.2).

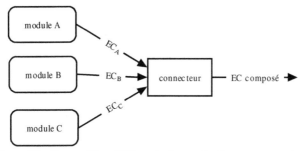

Figure 18 : Composition d'éléments de coopération par connecteur

L'interaction application plate-forme et l'intergiciel constituent le cœur de la plate-forme. Par la première elle connaît les changements d'états de l'application et, par le second, elle offre des services et assure que les informations circulent correctement. Ce sont donc ces deux entités qui définissent le modèle d'exécution de la plate-forme. Lors des changements d'état de l'application, la plate-forme réagit pour adapter l'environnement virtuel qu'elle représente. Les actions de la plate-forme peuvent utiliser l'intergiciel et en modifier le fonctionnement. Nous allons présenter maintenant comment, dans le cas d'Adactif la plate-forme utilise l'intergiciel pour mettre à jour le SI virtuel et comment, dans le cas d'Elkar, elle modifie la circulation des informations pour assurer la coopération.

II – 4 Modèle d'exécution

Les états de la plate-forme sont le cœur de la virtualisation. Ils constituent une image fidèle de l'environnement virtualisé. L'interaction application plate-forme passe par l'intergiciel qui signale à cette dernière toute activité pertinente. Les événements qu'il lui transmet correspondent à la granularité nécessaire à l'isomorphisme des états. Nous avons vu que, dans ce but, l'intergiciel peut constituer des événements par composition de façon à leur donner une sémantique en relation directe avec les changements d'état qu'ils provoquent. La composition par opérateurs (ET, OU, séquence avec ou sans délai de garde, etc.) montre vite ses limites. Elle ne permet pas d'obtenir la totalité des événements dont il est souhaitable de disposer. C'est pourquoi nous avons proposé l'utilisation de connecteurs permettant la réalisation de compositions aussi complexes que nécessaire.

Les événements provoquent des changements d'état de la plate-forme. A certains de ces changements d'état correspondent des actions spécifiques de l'environnement virtuel. Dans les plates-formes non intrusives présentées ici, les règles de gestion de l'environnement virtuel sont définies par le concepteur de l'application.
Le principe retenu pour réaliser ce mécanisme est celui des règles de type Événement-Condition-Action (ECA) initialement proposé par Dayal [84] et inspiré des règles de production dans les systèmes experts. Le principe de fonctionnement en est le suivant :
1. L'événement E se produit.
2. La condition C est évaluée.
3. L'action A est exécutée si C est vérifiée.

Les événements proviennent de l'intergiciel. La condition porte sur l'environnement virtualisé. Par exemple, dans le cas d'Elkar, lors d'un événement correspondant à la fin de la constitution d'un lot de colis par un module, elle pourra consister à vérifier si ce module doit être retiré du groupe de travail auquel il appartient. Elle porte donc sur la constitution de l'application en terme de groupes de travail. L'action associée consistera en une modification de l'environnement virtuel. Par exemple, toujours dans le cas d'Elkar, l'action peut consister à retirer le module du groupe de travail et à supprimer ce groupe de travail s'il ne contient aucun autre module. Le retrait de ce module du groupe de travail aura pour effet qu'il ne recevra plus les informations issues des autres modules de ce groupe et qu'il n'en enverra plus lui-même dans ce groupe.

De plus, dans certains cas, le problème de la correspondance des états de la plate-forme et de l'environnement virtualisé peut nécessiter de pouvoir faire des retours en arrière. C'est la notion de transaction dans les BD qui se traduit dans Adactif par différents modes de couplage des règles.

Les règles ECA constituent un outil efficace d'implémentation de l'évolution des états de la plate-forme. L'architecture et le fonctionnement de la plate-forme y sont intimement liés. Je vais maintenant présenter les modèles d'exécution des plates-formes Adactif et Elkar qui utilisent, toutes les deux, ce mécanisme. Les différences essentielles entre ces deux plates-formes est que la seconde est distribuée et centrée sur la circulation des informations tandis que la première est centrée sur le SI et gère les point de cohérence (roll-backs).

II – 4.1 Modèle d'exécution de la plate-forme Adactif

L'architecture de cette plate-forme est constituée de trois modules principaux :
- un gestionnaire d'événements;
- un gestionnaire de règles;
- un gestionnaire de transactions.

Elle est présentée à la Figure 19.

Le gestionnaire d'événements (GE) est responsable de la gestion de la base d'événements et de la récupération des événements du système. La base d'événements contient les spécifications des événements définis par le concepteur comme devant déclencher des règles. Lorsqu'un événement se produit, le GE détermine le contexte de cet événement et en signale l'occurrence au Gestionnaire de Règles [59].

Le gestionnaire de règles (GR) gère la base de règles (voir 3.2.1) et leur exécution dans le système. Il a en charge l'identification des règles déclenchées par un événement et la gestion de leur exécution. Il est en fait responsable :
- de la gestion du stockage des règles spécifiées dans le système,
- de la sélection des règles concernées par un événement,
- de l'ordonnancement de ces règles,
- de leur activation,
- de l'annulation des effets des règles lorsque cela est nécessaire en fin de transaction.

Le gestionnaire de transactions (GT) a en charge l'exécution des transactions de l'utilisateur et de celles associées aux règles. Il représente une couche au dessus du gestionnaire de transactions de la BD.

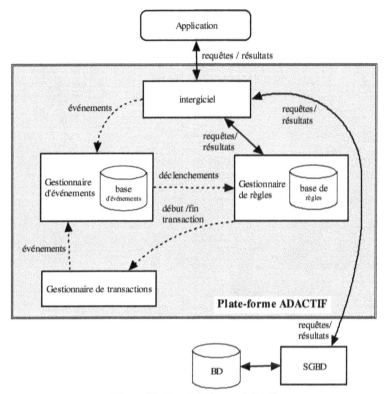

Figure 19 : La plate-forme Adactif

Les changements d'état de la plate-forme sont provoqués par l'activation des règles. Ils sont déclenchés par les événements détectés puis ordonnancés par le GE et sont inclus dans des transactions.

Adactif propose un langage de définition d'événements et un langage de définition de règles. Il permet de préciser les cas de pré et post déclenchement des règles ainsi que le mode de couplage choisi. La syntaxe de ce langage est détaillée dans [58]. Il ne reste plus ensuite au développeur qu'à écrire le code correspondant à l'action effectuée.

Les états de la plate-forme doivent refléter ceux de la BD virtuelle. Les règles définies par le concepteur permettent d'en maintenir la cohérence. L'intergiciel permet de capturer les actions de l'application vis-à-vis de cette BD. Chacune de ces actions peut provoquer l'activation d'une ou plusieurs règles qui ont pour effet d'adapter la BD. L'application de ces règles provoque, par conséquent à son tour, des modifications qui peuvent donner lieu à l'application de nouvelles règles et ainsi de suite de façon récursive. C'est la raison pour laquelle les actions sur la BD provoquées par la plate-forme passent par l'intergiciel de façon à pouvoir détecter les événements qu'elles provoquent (voir Figure 19). En outre un système de BD se caractérise par la possibilité de retour en arrière grâce à la notion de transaction. Il est impératif que ce mécanisme soit conservé. Ceci signifie que les effets des règles automatiquement appliquées par la plate-forme peuvent être annulés lorsque leur cause l'est.

41

II – 4.1.1 Règles ECA

L'état de la plate-forme est modifié à chaque événement transmis par l'intergiciel en fonction des actions de l'application. Toutefois les règles de cohérence définies par le concepteur impliquent de nouvelles modifications du SI, de sorte que leur exécution peut provoquer de nouveaux événements déclenchant de nouvelles règles et ce récursivement. Le principe retenu dans Adactif pour gérer ces changements d'état est celui des règles de type Événement-Condition-Action (ECA)

La condition porte sur l'état de la BD et l'action consiste généralement à le mettre à jour.
On peut remarquer que tant l'évaluation de la condition que l'exécution de l'action supposent des accès à la BD. Se pose alors le problème de "couplage" c'est-à-dire de leur positionnement dans le temps et relativement à la transaction en cours. Les règles sont activées au moment opportun par les événements reçus par la plate-forme. Leur exécution utilise l'intergiciel en guise de SGBD afin que celui-ci puisse détecter de nouveaux événements et les transmettre à la plate-forme. L'activation des règles est réalisée par un mécanisme de communication asynchrone inspiré de celui des rendez-vous du langage ADA[9] [86].

II – 4.1.2 Couplage

Trois modes de couplage sont possibles :
- – immédiat : l'opération est faite immédiatement et dans la même transaction
- – différé : l'opération est faite dans la même transaction mais à la fin de celle-ci.
- – détaché : l'opération est faite dans une autre transaction. Cette nouvelle transaction peut alors être ou non liée à la précédente. Lorsqu'elle lui est liée cela signifie qu'elle ne peut se terminer que si la première se ferme.

Ces couplages peuvent s'appliquer entre E et C et entre C et A. Ceci donne donc neuf possibilités dont toutes ne sont pas pertinentes (voir Tableau 3).

| MODE E-C | MODE C-A | | |
	immédiat	différé	détaché
immédiat	la condition est testée et l'action exécutée juste après l'événement	la condition est testée après l'événement et l'action est exécutée à la fin de la transaction	la condition est testée après l'événement et l'action est exécutée dans une transaction séparée
différé	non permis	la condition est testée et l'action exécutée à la fin de la transaction	la condition est testée à la fin de la transaction et l'action est exécutée dans une transaction séparée
détaché	non permis	non permis	la condition est testée dans une transaction séparée et l'action exécutée dans une autre transaction séparée

Tableau 3 : Modes de couplage E-C et C-A (d'après [85])

---

[9] C'est en raison du choix de ce mécanisme que la plate-forme fut appelée Adactif

Parce que l'évaluation de la condition ne produit pas de modification du SI, nous avions choisi dans Adactif de ne retenir que la première ligne de ce tableau c'est-à-dire le mode immédiat pour le couplage E-C.

En ce concerne le couplage C-A, les trois modes du Tableau 3 sont conservés. Le mode différé suppose que les actions à exécuter soient mémorisées pour être prises en compte à la fin de la transaction. Elles sont incluses dans la transaction initiale afin que, si celle-ci est avortée, leur effet soit annulé. Dans Adactif ce mécanisme a été implémenté en effectuant ces actions dans une nouvelle transaction liée à la transaction initiale. Cette transaction se termine après la transaction initiale et de la même façon que celle-ci (terminaison normale ou avortée). Ce mode est appelé "détaché lié" par analogie avec le mode détaché qui est, quant à lui, appelé "détaché non lié". Ces trois modes vont être maintenant brièvement décrits, de plus amples détails sont disponible dans [57].

Les trois modes de couplage C-A retenus définissent trois types de comportement pour les règles provoquant les changements d'état de la plate-forme :

- La Figure 20 montre le comportement lors de l'exécution d'une règle immédiate : l'action s'exécute et se termine à l'intérieur de la transaction courante de l'application.

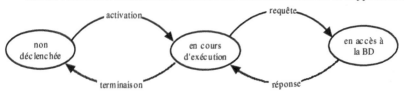

Figure 20 : Exécution d'une règle immédiate

- La Figure 21 montre le comportement lors de l'exécution d'une règle détachée non liée : l'action s'exécute dans sa propre transaction qu'elle termine normalement ou avorte (commit/abort).

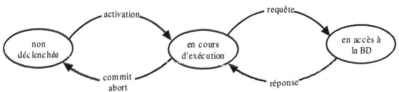

Figure 21 : Exécution d'une règle détachée non liée

- Le cas le plus complexe est présenté sur la Figure 22. Elle montre le comportement lors de l'exécution d'une règle détachée liée : l'action s'exécute dans sa propre transaction. Lorsqu'elle se termine, elle attend une autorisation pour savoir si elle doit fermer cette transaction normalement ou l'avorter. En outre, si la transaction englobante est avortée la règle est immédiatement terminée et sa propre transaction est également avortée.

43

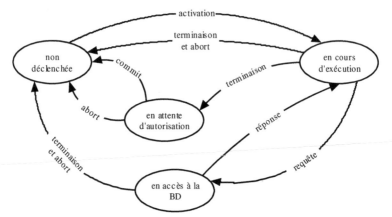

Figure 22 : Exécution d'une règle détachée liée

II – 4.2 Modèle d'exécution de la plate-forme Elkar

L'architecture détaillée de la plate-forme Elkar est présentée sur la Figure 23. Une version complète de cette architecture est implantée sur chaque site de l'application.

Les états de la plate-forme sont contenus dans la BD-états qui est le seul élément non distribué de la plate-forme. Ils sont mis à jour par les règles et consultés par les gestionnaires de communication et d'EC. Ils reflètent l'état de l'application une fois rendue coopérative.

- Les gestionnaires de modules (GM) sont les conteneurs.
- L'intergiciel est constitué du gestionnaire d'éléments de coopération (GEC), de la boîte à lettre pour les messages (BAL), du gestionnaire de communication (GC) et des connecteurs.
- Les règles et la BD-états constituent le cœur de la plate-forme.

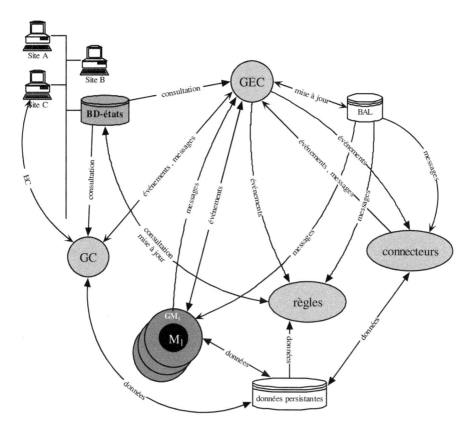

Figure 23 : Architecture de la plate-forme Elkar

Les états de cette plate-forme reflètent l'organisation de l'application en groupes de travail. Ils sont conservés dans une BD (BD-états) qui est la seule entité centralisée d'Elkar. Par la présence de la plate-forme et de cette BD, l'application constituée de modules indépendants devient réflexive au sens où son architecture est connue et modifiable.

La gestion de ces groupes doit se faire de façon à introduire la nouvelle sémantique de l'application. Elle est pilotée par des règles de constitution des groupes qui contiennent la sémantique même de la coopération. Une méthode permettant d'identifier les groupes de travail et leur constitution puis de définir des règles de type ECA inspirées de celles d'Adactif a été définie [60][87]. Ces règles sont déclenchées par un événement constitué à partir d'éléments de coopération par un connecteur de composition (voir 3.2.3), elles évaluent une condition portant sur l'état de l'application et, si cette condition est satisfaite, modifient la constitution des groupes de travail (voir Figure 24). Bien entendu les modules ne sont pas directement modifiés par ces transformations mais ils en subissent les conséquences au travers des informations qu'ils reçoivent.

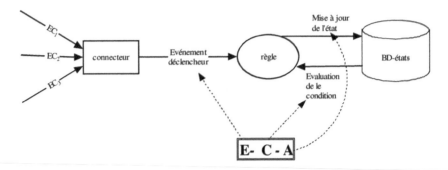

Figure 24 : Évolution des états de la plate-forme Elkar par règles ECA

Les événements utilisés par la plate-forme sont constitués par composition de tous types d'informations prélevées dans l'application. Ceci permet de donner à la coopération une puissance sémantique plus élevée que celle rencontrée dans des plates-formes centrées sur les seuls événements comme EvE [94] ou TEMPO [95].

La circulation de l'information est assurée par l'intergiciel en fonction des états de la plate-forme. La BD-états contient la constitution des groupes de travail et les liens établis définis conformément au langage décrit en 3.2.1. Je vais illustrer sur un exemple de quelle façon la constitution des groupes de travail influe sur la circulation des informations.

Supposons que le langage de description contienne les informations suivantes :

> Définir Message M De A Dans G_1
>
> Définir Message M Pour B Dans G_2

Ceci indique que le message M produit par le module B s'il appartient au groupe G_1 doit être transmis au module B s'il appartient au groupe G_2.

Lorsque le module A produit le message M, son conteneur le récupère et le transmet au GEC local. Le GEC recherche dans la BD-états à quel groupe appartient le module M. Après quoi il consulte à nouveau la BD-états pour savoir s'il existe au moins une description de type : Définir Message M De A dans G où G est le groupe auquel appartient M. Dans l'exemple précédent si M appartient au groupe G_1 il obtiendra une réponse. Comme un même module peut successivement, au cours de l'évolution de la coopération, appartenir à différents groupes, la BD-états peut contenir plusieurs information de type : Définir Message M De A Dans G avec plusieurs valeurs de G. toutefois une seule peut désigner G_1 et, à tout instant, le module M ne peut appartenir qu'à au plus un groupe.

Le GEC va alors étiquetter le message M comme provenant du module M du groupe G_1. Puis il va rechercher dans la BD-états toutes les informations du type

> Définir Message M Pour …

Pour chacune d'entre elles la démarche est la suivante : si le module désigné par le Pour appartient au groupe indiqué par le Dans, le message doit lui être transmis. Dans ce cas soit le destinataire est local et le GEC envoie directement le message au conteneur de ce destinataire, soit il est distant et le GEC transmet le message au GC après avoir complété son étiquette par la désignation du destinataire. Le GC, à l'aide de l'indication du destinataire associée à ce message, le transmet par le réseau au site accueillant ce destinataire. À l'arrivée le GC du site distant, voyant qu'il s'agit d'un message le transmet au GEC local. Celui-ci peut alors le faire passer au conteneur du module destinataire. Ce processus est illustré par la Figure 25 il est le même pour tous les éléments de coopération.

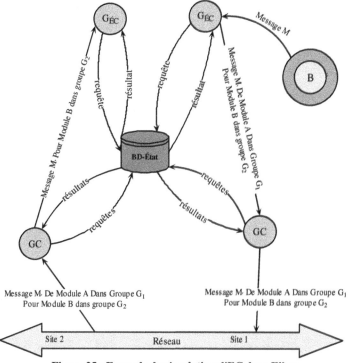

Figure 25 : Exemple de circulation d'EC dans Elkar

Dans le cas particulier des EC émis par un groupe, nous avons vu qu'ils étaient constitués par des connecteurs de composition. Il parviennent au GEC de la même façon que lorsqu'ils arrivent par un conteneur et le processus est le même.

Dans le cas où le destinataire est un groupe, cela signifie que l'EC doit être transmis à tous les modules de ce groupe. Il suffit alors au GC au site émetteur de l'envoyer par le réseau vers tous les sites accueillant un module de ce groupe.

Comme on a pu le voir sur cet exemple, la circulation des information est organisé par l'appartenance des modules aux groupes de travail constitués par la plate-forme.

II – 5 Synthèse

La plate-forme Adactif utilise un mode d'interaction application/plate-forme de type par services. Les services offerts par l'intergiciel sont ceux d'un SGBD. C'est au travers de l'utilisation de ces services que la plate-forme connaît les changements d'état de l'application. Ceux-ci se limitent à l'activité de l'application vis-à-vis de son système d'information représenté par la BD. Les états de la plate-forme reflètent donc ceux de l'application relativement à la BD et son niveau d'intervention est, lui aussi, limité à la BD.

Toutefois cette plate-forme présente une particularité qui est qu'elle virtualise une BD selon des critères métier propres à l'application. Lorsque, par exemple, un système d'exploitation virtualise un disque pour le faire apparaître comme deux disques, chacun des deux se comporte comme un disque réel. Ici la BD est virtualisée pour se comporter comme un SI spécifique répondant à des règles liées à la sémantique des informations qu'elle contient, on pourrait alors parler de "virtualisation métier".

Ceci a pour première conséquence que les actions faites sur la BD par la plate-forme doivent être traitées comme si elles avaient été faites par l'application elle-même. En se plaçant d'un autre point de vue on peut dire que la plate-forme Adactif n'a pas pour but, comme c'est souvent le cas, de gérer du non fonctionnel vis-à-vis de l'application mais bien du fonctionnel. La conséquence sur l'architecture de plate-forme retenue est que l'intergiciel qui sert à l'application est aussi utilisé par les règles supportées par la plate-forme. Ainsi les actions provoquées par la plate-forme sont interprétées par l'intergiciel au même titre et de la même façon que celles directement issues de l'application. Ceci permet qu'elles provoquent à leur tour des réactions prise en charge par la plate-forme elle-même.

La seconde conséquence de cette "virtualisation métier" est que l'activité de la plate-forme doit rester sous le contrôle total de l'application. Les modifications qu'apporte la plate-forme au SI de l'application sont fonctionnelles dans le sens où ce sont celles voulues par le concepteur de l'application. De sorte que la notion de transaction doit s'étendre à la plate-forme elle-même. Ceci se traduit par les modes de couplage des règles.

Les mécanismes mis en œuvre peuvent devenir très complexes puisque chaque modification du SI, qu'elle soit faite par l'application ou par la plate-forme, lève de nouveaux événements qui déclenchent de nouvelles règles récursivement. L'utilisation des pré et post déclenchements jointe à celle des modes de couplage permet d'ajuster finement le contrôle de la cohérence du SI. Toutefois le travail de définition des événements et des règles peut devenir très complexe et provoquer des effets de bord difficilement prévisibles.

Elkar est une plate-forme non intrusive par définition puisqu'elle agit dans le cadre de la réingénierie. Les interactions application/plate-forme sont de type conteneur. Elkar possède la particularité d'agir sur l'architecture de l'application par constitution de groupes de travail. Elle est, de ce point de vue, comparable à une plate-forme de reconfiguration d'applications constituées à base de composants sur étagère (*COTS*) comme ArchWare [97] ou SITAR[96]. Elle gère cependant des configurations prédéfinies qui sont choisies en fonction de l'évolution des états de l'application coopérative qu'elle crée.

Il s'agit là d'une plate-forme qui crée un environnement virtuel pour des applications existantes qu'elle considère comme des modules d'une application finale obtenue par leur coopération. Elle constitue des groupes de travail virtuels qui sont ensuite vus comme des entités constituantes de cette application finale. À ce titre ils jouent le même rôle que les modules en émettant et recevant des éléments de coopération. Les entités opératoires que constituent ces groupes de travail peuvent être distribuées de façon totalement transparente puisque l'intergiciel de la plate-forme virtualise la mise en réseau.

La particularité d'Elkar est que les actions de la plate-forme ne portent que sur le fonctionnement de l'intergiciel. Ceci s'explique par le fait que c'est la seule circulation des données qui induit la coopération. Elkar constitue, à partir d'applications existantes, une nouvelle application plus complexe. Choisir le domaine de réingénierie a permis de mesurer toute la puissance que peut apporter une telle plate-forme. En effet, elle suffit à elle seule à faire évoluer un ensemble de modules hétérogènes vers une application unique et cohérente.

Ces travaux montrent que les plates-formes non intrusives se prêtent bien à la réalisation de supports d'exécution adaptés à des applications. Ils répondent au problème de complexité en offrant un environnement virtuel correspondant aux besoins précis des applications qui n'ont donc plus à en gérer le fonctionnement. Ils peuvent être considérés comme faisant partie de l'application mais permettent de séparer certaines activités et donc de tirer partie du parallélisme. L'ensemble constitué par la plate-forme et la partie applicative constitue en fait l'application.

En revanche elles ne permettent pas d'intervenir de façon profonde sur l'application puisque cette dernière poursuit son fonctionnement indépendamment de l'activité de la PF. Pour pouvoir superviser de façon précise des applications il faut avoir recours à des PF intrusives.

Cette constatation m'a conduit à orienter mes recherches vers ce type de plates-formes. La reconfiguration dynamique des applications qu'elles permettent est rendue possible par la généralisation des modes de développement par objets et composants. Toutefois je ne pense pas que les plates-formes non intrusives n'aient plus de rôle à jouer à l'avenir. Bien entendu la totalité des fonctionnalités qu'elles proposent peut être obtenue par des plates-formes intrusives. Malgré tout elles présentent l'avantage d'une plus grande simplicité. De plus, le fait qu'elles soient assujetties à l'application qu'elles hébergent permet d'assurer une plus grande sécurité et une plus grande fiabilité de fonctionnement. Elles peuvent alors trouver leur place lorsque ces considérations sont primordiales.

Chapitre III - Plates-formes intrusives

Les applications multimédia sont, par nature complexes. En effet, de par les types d'information qu'elle manipulent (images, vidéos, sons, etc.) elles rencontrent le problème de l'important éloignement qui sépare ces informations de celles que peuvent traiter les machines. La taille et la structure de ces informations ne correspondent pas à celles que connaissent les processeurs. Ainsi la simple copie en mémoire d'une image demande d'importantes ressources à la machine. Par ailleurs la sémantique contenue dans ces informations conduit, le plus souvent, à des traitements complexes. Par exemple de simples opérations d'extraction de contours ou de filtrage d'une image font appel à des algorithmes contenant de multiples itérations et conditions ainsi qu'un nombre très élevé de calculs. Enfin, ces applications sont le plus souvent réparties et échangent sur le réseau des flux multimédia. De ce fait elles sont soumises au surcroît de complexité lié au parallélisme. Transférer des flux d'informations sur un réseau est une tâche difficile si l'on doit conserver les relations temporelles. Malgré les méthodes de compression de vidéo proposées par les différentes versions de MPEG [134][135], le transport sans perte de qualité d'un tel flux sur un réseau soulève d'énormes problèmes. La nécessité de disposer d'un débit suffisant et garanti et de respecter les contraintes de temps inhérentes à ce type d'information s'accommode difficilement des performances de réseaux comme l'Internet.

L'émergence des périphériques mobiles et des capteurs sans-fil a rendu ce problème encore plus crucial. De tels périphériques ne disposent que de faibles puissances de calcul et de peu de mémoire. Par conséquent la lourdeur due aux traitements et aux données y est exacerbée. Bien entendu, ces périphériques ne sont pas appelés à manipuler des flux multimédias aussi lourds que ceux que l'on trouve sur les machines classiques. Malgré tout, même des images de taille inférieure ou des sons de qualité moindre représentent une lourdeur supérieure à celle rencontrée jusqu'à lors. Dans le cas particulier des capteurs sans fil, dont la puissance de calcul et la taille de mémoire sont encore bien inférieures, viennent s'ajouter les limitations des liaisons radio et de l'énergie.

Réduire cette complexité passe par l'utilisation de bibliothèques spécialisées comme GTK+ [137] et QT [137] ou par des bibliothèques de classes java comme celles qu'offre JMF [136]. Par leur utilisation la tâche des concepteurs se voit simplifiée et les applications sont plus aisées à créer et à maintenir. Toutefois ces solutions ne résolvent pas, ou que très partiellement, les problèmes rencontrés. Certes l'application a été simplifiée mais l'espace mémoire et le temps de traitement nécessaire à son exécution reste au moins le même. Ceci ne pose aucun problème lorsqu'ils sont suffisants, mais ce n'est pas toujours le cas, en particulier sur des périphériques mobiles. Par ailleurs le transfert des flux sur le réseau subit toujours les variations de services de ce dernier (variations de débit, temps de réponse, gigue, etc.).

Le problème qui se pose alors n'est plus seulement de réduire la complexité des applications mais aussi de garantir qu'elles puissent fonctionner en offrant un service acceptable. C'est tout le problème de la qualité de service (QdS) qui se pose ici. La réduction de la complexité devient alors contextuelle dans le sens où elle doit avoir lieu à certains moments en fonction des ressources disponibles. Si l'espace mémoire est insuffisant, ne peut-on pas utiliser des images plus petites ou avec moins de couleurs ou même en noir et blanc ? Si la puissance de calcul ne suffit pas, ne peut-on pas choisir un autre algorithme de moins bonne qualité mais plus rapide ? Et enfin, si le réseau ne permet pas le transfert des flux, ne peut-on pas les modifier, par exemple réduire le nombre d'images par seconde ou, tout simplement, ne pas transporter certains flux ?

Ces solutions doivent être appliquées au coup par coup en fonction des ressources disponibles et des utilisateurs. Il n'est pas acceptable de fournir un service de qualité moindre alors que les ressources disponibles permettent de l'éviter. De même il n'est pas envisageable de fournir un service dont la qualité paraît inacceptable à un utilisateur ou rend l'application inutilisable apr effet de bord.

Pour résoudre ce problème de QdS il faut pouvoir agir sur l'application en profondeur. C'est-à-dire pouvoir remplacer un algorithme par un autre, modifier un format de média ou encore supprimer le transfert d'un flux. L'application étant distribuée, chaque partie peut difficilement prendre elle-même ce type de décision car il faudrait qu'elle ait connaissance non seulement du contexte dans lequel elle s'exécute mais aussi de celui des autres sites supportant l'application.

Il faut donc, pour gérer la QdS, avoir une vision globale de l'application et de son contexte d'exécution et pouvoir intervenir directement au cœur même de la partie applicative. Une plate-forme intrusive constitue alors une solution toute indiquée. Elle peut connaître le contexte global d'exécution et décider des modifications à apporter à l'application. Elle place l'application dans un environnement évolutif qui tient compte du contexte. Ce contexte peut concerner aussi bien l'application elle-même, ses évolutions dans le temps et ses utilisateurs que son support matériel et logiciel. Comme peut le faire une plate-forme non intrusive, elle offre un contexte adapté mais est de plus capable d'intervenir directement sur l'application elle-même. Elle adapte ainsi l'application au contexte en en modifiant la structure et le contenu. Cette particularité permet à l'ensemble (plate-forme + application + contexte) de créer un tout cohérent. Il est ainsi possible de reconfigurer l'application et son environnement d'exécution pour les adapter au contexte.

Le développement par objets et composants structure les applications sous une forme offrant la possibilité d'intervenir sur leur architecture et leur fonctionnement interne. Il offre ainsi aux plates-formes intrusives la latitude de provoquer des changements d'état de l'application par le biais de réorganisations de structure. Il devient alors envisageable de reconfigurer l'application en ajoutant, enlevant, déplaçant des composants et en réorganisant les interconnexions entre eux. C'est donc sur l'architecture et la structure même de l'application que l'on peut agir.

De nombreuses plates-formes pour la gestion de la QdS dans les applications multimédia ont été proposées. Certaines utilisent des mécanismes de réservation de ressources comme CAlif multimédia (Cooperative AppLIcation Framework) [112] et QuO (Quality Objects) [113]. Bon nombre de ces plates-formes font appel à l'adaptation que ce soit par ordonnancement (POLKA [114]), par ajustement des flux (JQoS [115]) ou par réglage des composants et de leurs ressources (Agilos [116]).

Les travaux que je vais maintenant présenter, proposent une plate-forme de gestion de la qualité de service qui met en œuvre des reconfigurations de l'application en fonction des informations de QdS qu'elle recueille.

Le premier projet a porté sur la prise en compte de la qualité de service dans des applications multimédia réparties. Ce champ d'application permet de considérer à la fois les variations induites par les utilisateurs et celles induites par le matériel et en particulier le réseau. Il s'agit alors de mettre en œuvre un déploiement dynamique lors de l'arrivée ou du départ d'un utilisateur puis une reconfiguration dynamique lorsque l'application, dans son état actuel, ne convient plus. Le problème de la qualité de service est qu'il faut pouvoir baisser la qualité lorsque l'environnement l'exige – ce qui est relativement classique - mais aussi l'augmenter lorsqu'il le permet – ce qui l'est moins. Ceci suppose que la plate-forme possède une bonne connaissance de l'application et de son évolution ainsi que de l'environnement dans lequel elle s'exécute. Ce projet a donné lieu à plusieurs publications ainsi qu'à deux thèses que j'ai co-encadrées avec P. Roose sous la direction de F. Luthon.: l'une sur la plate-forme de gestion de la QdS (Kalinahia[10]) [98], l'autre sur les conteneurs de composants métier (Osagaia[11]) [109] et sur l'intergiciel (Korrontea[12]) [99] et a été appuyé par un contrat avec le Conseil Régional d'Aquitaine.

Depuis peu, l'émergence des périphériques mobiles et des capteurs sans-fil a engendré de nombreux défis dans les domaines des réseaux et des architectures logicielles. La grande majorité des travaux liés aux réseaux de capteurs concernent l'optimisation des ressources matérielles (capacité de calcul, énergie) et réseau (contrôle de congestion, agrégation des données, etc.). Les capteurs y sont utilisés pour leurs fonctions propres de mesure de l'environnement et leur capacité à transmettre et relayer l'information, en veillant à en maximiser la durée de vie. Il existe actuellement peu de recherches sur l'intégration des capteurs dans des environnements hétérogènes où collaborent composants logiciels et capteurs. Les problèmes posés par les périphériques contraints et la mobilité peuvent, de façon comparable, être considérés comme relevant de la qualité de service. En effet l'hétérogénéité des matériels pose un problème de déploiement tandis que la mobilité pose un problème de redéploiement. Toutefois la mise en place d'une plate-forme sur des périphériques contraints ne peut se faire de façon triviale. C'est pour étudier ces problèmes que j'ai participé à la définition du projet TCAP (Transport de flux vidéo sur réseaux de capteurs pour la surveillance à la demande) soutenu par un contrat ANR Jeunes Chercheurs. Ces travaux étant en cours, il ne me sera possible que de présenter les pistes envisagées. Ils font l'objet de la thèse de Christine Louberry que je co-encadre avec P. Roose sous la direction de C. Pham, de la thèse en co-tutelle de Maklouf Derdour que je co-encadre avec P. Roose sous la direction de C. Pham et N. Ghoualmi-Zine ainsi que du Master Recherche de Cyril Cassagne et du projet de fin d'études d'ingénieur de Wissem Ben Ammar. Les premiers résultats publiés nous ont valu de devenir partenaires de Sun Microsystems, nous permettant ainsi de proposer des implémentations sur capteurs SunSpot mais également d'obtenir un contrat avec le Conseil Général des Pyrénées Atlantiques et la société éditrice de logiciels Dev 1.0 pour du transfert de technologie.

Nous allons maintenant voir les modèles et les moyens utilisés pour gérer la reconfiguration dynamique d'une application multimédia.

---

[10] Kalinahia est la contraction de deux mots basques : "kalitatea" qui signifie qualité et "nahia" qui signifie "vouloir". Il s'agit donc de vouloir la qualité.
[11] Osagaia est un mot basque qui signifie composant.
[12] Korrontea est un mot basque qui signifie flux. Il fait référence aux flux, en particulier multimédias, qui circulent entre les composants.

III – 1 Reconfiguration dynamique d'applications

Nous avons vu qu'une gestion efficace de la QdS supposait de pouvoir modifier l'application dans son fonctionnement et sa structure. C'est donc par reconfiguration dynamique de l'application en fonction des évolutions du contexte global qu'elle pourra se faire. L'un des domaines dans lequel la QdS est la plus perceptible est celui des applications interactives. De plus, lorsque ces applications manipulent des flux d'informations multimédia, la lourdeur de ces flux et des traitements associés ainsi que les contraintes, notamment temporelles, qu'ils imposent provoquent de fréquents changements du contexte qui induisent des variations de QdS

La principale caractéristique des applications multimédias est le rôle central que jouent les utilisateurs. La qualité du service offert et la possibilité de la maintenir malgré les variations de l'environnement sont essentielles. La qualité de service est une importante source de complexité dans les applications lorsqu'elles doivent la gérer elles mêmes. De plus, lorsque ces applications sont réparties, il ne leur est pas possible de disposer de l'ensemble des informations nécessaires à une prise de décision. En revanche cette tâche peut être prise en compte par une plate-forme intrusive pouvant agir sur les états de l'application mais aussi sur son architecture. C'est pourquoi la plate-forme proposée a pour but de fournir un environnement d'exécution gérant la qualité de service. Les plates-formes sur lesquelles j'avais travaillé jusque là réagissaient aux changements d'état des applications et de l'infrastructure sous-jacente. Celle étudiée ici doit en outre réagir aux variations de contexte induites par les utilisateurs (arrivée/départ d'utilisateurs, ce qu'ils veulent, ce qu'ils acceptent, etc.). Nous proposons pour cela un modèle d'application multimédia répartie à base de composants logiciels et matériels. La plate-forme autorise l'adaptation dynamique de l'application au contexte par modification des composants, des assemblages de composants et de l'architecture même de l'application. Son originalité réside non seulement dans la définition entièrement dynamique des politiques d'adaptation mais aussi dans le souci permanent de perturber le moins possible les utilisateurs par ces adaptations. Elle respecte la plasticité nécessaire aux reconfigurations c'est-à-dire la capacité à s'adapter aux variations des ressources interactionnelles, computationnelles, communicationnelles et environnementales tout en conservant la continuité ergonomique [139].

Dans [101] est proposé un schéma général de l'adaptation qui distingue deux parties :
- le gestionnaire d'évolution qui met en œuvre les mécanismes de l'adaptation;
- le gestionnaire d'adaptation qui pilote le cycle de vie de l'application.

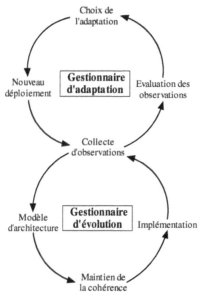

Figure 26 : Schéma général de l'adaptation (d'après [101])

Le gestionnaire d'évolution observe l'application et son environnement, il possède un modèle d'architecture à partir duquel il peut réaliser une implémentation qui maintient la cohérence de l'application. Le rôle essentiel de ce gestionnaire est de faire en sorte que la représentation de l'application soit, selon les termes de S. Krakowiak [41], "causalement connectée" au système. Un tel modèle correspond à une forme de réflexivité telle que définie par [103] mais limitée à la seule architecture de l'application préservant ainsi l'encapsulation des composants métier. Le gestionnaire d'adaptation reçoit les observations faites par le gestionnaire d'évolution, les évalue pour choisir une adaptation et en déduire un nouveau déploiement des composants de l'application (voir Figure 26).

Les systèmes qui gèrent l'adaptation dynamique sont généralement constitués de trois parties [100] :
- la partie opératoire qui peut être dynamiquement reconfigurée;
- la partie d'évaluation chargée d'évaluer le contexte et les services;
- la partie de contrôle choisissant et effectuant la reconfiguration.

La plate-forme Kalinahia destinée à la gestion de la QdS pour des applications multimédia est tout à fait conforme à ce schéma. La partie opératoire est constituée de composants interconnectés par des flux, l'évaluation du contexte est confiée à des conteneurs et à l'intergiciel tandis que la plate-forme de gestion de QdS prend en charge l'évaluation du contexte ainsi que le choix et la mise en œuvre des reconfigurations (voir Figure 27).

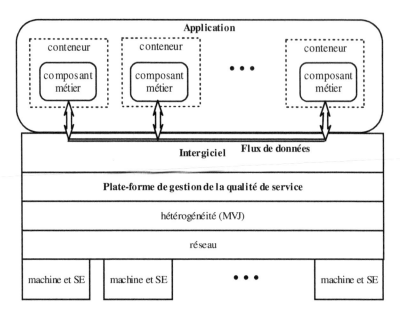

Figure 27 : Schéma de principe de la plate-forme Kalinahia

Dans [102] sont proposées cinq techniques de reconfiguration dynamique :
- ajout de composant;
- retrait de composant;
- remplacement de composant;
- ajustement de la QdS d'un composant.
- reconfiguration des interconnexions entre composants.

Cette approche a été conservée dans Kalinahia à la différence que les opérations d'ajout, retrait, remplacement et reconnexion ont été étendues à trois niveaux de structuration de l'application : les services aux utilisateurs, les fonctionnalités d'un service et les composants. Ceci permet de faire en sorte que les adaptations proposées correspondent à des vues de l'application par les utilisateurs. En effet l'utilisateur reçoit un service (par exemple un service de suivi à distance d'une conférence) qui propose des fonctionnalités qui lui sont directement perceptibles (par exemple l'image, le son, des sous-titres). Ces fonctionnalités sont ensuite réalisées par des assemblages de composants. La plate-forme peut alors agir sur les services offerts, sur les fonctionnalités qu'ils proposent et sur la façon dont elles sont réalisées.

La plate-forme Kalinahia est destinée au domaine des applications multimédia sur l'Internet. Toutefois les principes retenus peuvent s'appliquer à d'autres domaines présentant des caractéristiques différentes. C'est pourquoi je me suis tourné vers les applications multimédia intégrant des périphériques légers et mobiles (capteurs, PDA, téléphones portables, etc.). La qualité du service dans ce cas n'est plus liée seulement à celle du service offert mais doit aussi prendre en compte la viabilité des solutions retenues. En effet les périphériques légers sont caractérisés par des ressources limitées, une autonomie réduite (batterie) et une mobilité imprévisible. Il est, par conséquent, nécessaire que la plate-forme puisse choisir des configurations permettant non seulement à l'application de fonctionner compte tenu de la mobilité mais aussi d'épargner les ressources qu'elle utilise quand celles-ci sont limitées.

Une telle plate-forme déploie les composants logiciels sur des périphériques mobiles et des postes fixes. Elle vérifie que les services soient assurés malgré les défaillances liées aux pertes de connectivité et aux déplacements des unités mobiles. Lorsque ce n'est pas le cas elle cherche et propose un nouveau déploiement. Toutefois le déploiement sur capteurs n'est pas dynamique. En effet les capteurs sont généralement utilisés comme des systèmes embarqués c'est-à-dire qu'un ensemble de composants logiciels sous la forme de processus ou d'*isolates* pour les SunSpot y est téléchargé et il est actuellement impossible d'en supprimer, d'en ajouter ou d'en remplacer dynamiquement. Ces opérations supposent le redéploiement complet de l'ensemble des composants. Ces déploiements étant très consommateurs d'énergie et de temps, ils doivent être évités le plus possible. La plate-forme proposée doit donc tenter d'anticiper les besoins de façon a installer sur un capteur les composants susceptibles d'y être utilisés et ne recourir à un redéploiement complet que lorsqu'il n'y a pas d'autre solution.

Dans les deux cas l'application est constituée de composants interconnectés par des flux d'information. Pour pouvoir la reconfigurer, la plate-forme doit avoir non seulement la connaissance de cette structure mais aussi la possibilité de la modifier. Dans ce but il faut que l'architecture de l'application soit virtualisée. C'est-à-dire que le concepteur ne la définit pas complètement, il se contente d'indiquer diverses possibilités d'assemblage de composants permettant de réaliser telle ou telle fonctionnalité ou de fournir tel ou tel service. Les utilisateurs choisissent alors les services qu'ils désirent et la plate-forme les met en place. Dans le cadre de la gestion de la QdS, elle pourra alors modifier cette architecture en intervenant sur les composants, les fonctionnalités et les services et sur leurs interconnexions. Les flux d'information servant à ces interconnexions doivent alors correspondre à cette architecture virtuelle. Ils contiennent une part importante de la sémantique de l'application. Il est important de connaître les relations qui les lient entre eux. Dans le cas des applications multimédia par exemple, transporter une vidéo et un flux de texte n'a pas le même sens que transporter une vidéo avec des sous-titres. Bien entendu, dans les deux cas, il s'agit de transporter les mêmes types de formats d'information, mais lorsque le texte représente des sous-titres, il doit rester synchrone de la vidéo. Cette sémantique ne peut être ignorée de la plate-forme car sinon elle pourrait proposer des restructurations qui la détruiraient. Ainsi par exemple, elle pourrait choisir un déplacement de composant qui la conduirait à séparer ces deux flux et à perdre la synchronisation. Paradoxalement, en voulant améliorer la QdS elle n'aurait fait que la dégrader davantage. C'est la raison pour laquelle les flux d'information doivent eux aussi être virtualisés. De la sorte la plate-forme ne manipule plus de simples flux réseau mais bien des flux ayant un sens vis-à-vis de l'application.

Nous allons voir maintenant comment ces deux virtualisations ont été mises en place.

III – 1.1 Virtualisation de l'architecture de l'application

L'environnement virtuel créé par la plate-forme libère le concepteur d'applications de la prise en considération du déploiement réel de l'application. Il peut se concentrer sur les fonctionnalités à fournir et leur assemblage sans avoir à se préoccuper de la façon dont elles seront concrètement mises en œuvre. En outre, la création d'un intergiciel spécifique peut rendre totalement transparentes les interconnexions tout en garantissant que les contraintes liées aux informations transportées seront respectées.

La plate-forme d'exécution est conçue comme un superviseur réparti sur les différents postes de l'application. Elle reçoit des informations reflétant le fonctionnement et connaît la structure de l'application. Elle modifie cette structure afin d'optimiser la QdS grâce à une adaptation dynamique de l'application. Ce mode de fonctionnement a pour effet que le concepteur de l'application n'en définit qu'une forme fonctionnelle, la matérialisation de ces fonctionnalités restant du ressort de la plate-forme qui choisit la meilleure solution en fonction du contexte et des souhaits des utilisateurs.

La plate-forme agit sur l'architecture de l'application pour en garantir la QdS, c'est pourquoi l'application est structurée en fonction de ce que perçoit l'utilisateur :

- Le **Groupe** représente le service rendu à un utilisateur. En le définissant, le concepteur spécifie les différents types d'utilisateurs de l'application. Chaque utilisateur bénéficie d'une instance du Groupe qui l'intéresse. En fonction du nombre et du type d'utilisateurs présents dans l'application à un instant donné, celle-ci contient des instances de Groupe différentes (voir Figure 28).
- Le **Sous-Groupe** représente une fonctionnalité, et une seule, du service rendu à un utilisateur. Un Groupe est donc composé de différents Sous-Groupes (voir Figure 28). La composition d'une instance de Groupe en termes de Sous-Groupes n'est pas unique. En fonction du contexte, elle pourra varier de manière à proposer différentes qualités de service. De même, il est possible de dégrader un service en enlevant des fonctionnalités pour continuer à proposer la QdS la plus satisfaisante possible.

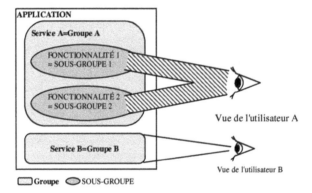

Figure 28 : Modèle structurel d'application

Les fonctionnalités représentées par les Sous-Groupes sont réalisées par des composants matériels ou logiciels reliés par des flux de données. Certains de ces composants peuvent appartenir à plusieurs Sous-Groupes et à plusieurs Groupes. En ajoutant, enlevant ou remplaçant des composants d'un Sous-Groupe et en modifiant leur interconnexion, la plate-forme peut proposer plusieurs façons de réaliser une fonctionnalité et donc plusieurs QdS. Il est important de noter que la QdS globale d'une application dépend de la QdS perçue par chacun de ses utilisateurs. La structuration en groupes permet de détecter les composants partagés et d'éviter que les actions faites sur un composant pour améliorer la QdS pour un utilisateur ne puissent avoir pour conséquence de la dégrader de façon trop importante pour un autre.

Cette structuration de l'application en vue de son exploitation sur la plate-forme Kalinahia est une opération incontournable. Elle doit aboutir à une image de l'application manipulable par la plate-forme. Nous avons choisi une représentation par des graphes conditionnels et proposé une méthode de conception permettant d'atteindre cet objectif. Je ne décrirai pas cette méthode ici, le lecteur intéressé pourra se reporter à [98] et [106].

Comme dans la plupart des plates-formes d'adaptation dynamique, l'architecture de l'application est donc représentée par des graphes. On trouvera dans [104] une étude portant sur 14 architectures dynamiques qui montrent que 12 d'entre elles représentent l'architecture par des graphes alors que deux seulement utilisent un ADL ou le langage Z. Ceci s'explique par le besoin de disposer d'un modèle de représentation facilement manipulable et modifiable. Or, la grande majorité des ADL ne supporte pas le dynamisme ou alors seulement dans un cadre contraint [117] tandis que les graphes le permettent.

La méthode de conception proposée dans [98] définit, pour chaque fonctionnalité (sous-groupe), un **graphe des flots de contrôle** qui décrit cette fonctionnalité en termes de rôles et de contraintes de précédence. Ces graphes utilisent des arêtes conditionnelles pour désigner les différentes décompositions fonctionnelles utilisables (voir Figure 29).

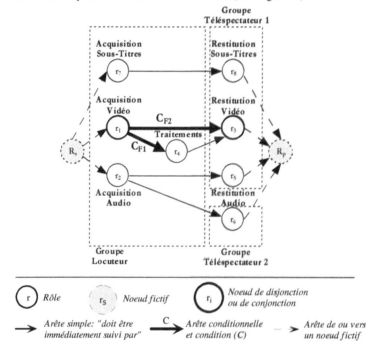

Figure 29 : Graphe des flots de contrôle

Chacun des rôles de ce graphe peut alors être, lui-même, décomposé en un graphe de rôles élémentaires réalisables par des composants logiciels ou matériels. On obtient ainsi un **graphe fonctionnel**. Ces deux graphes diffèrent par le fait que les nœuds du graphe des flots de contrôle représentent aussi bien le rôle d'un composant que celui d'un assemblage de

59

composants alors que les nœuds du graphe fonctionnel ne représentent que des rôles atomiques c'est-à-dire pouvant être réalisés par un composant unique. Alors que les arêtes du graphe des flots de contrôle indiquent l'ordre d'exécution des rôles, celles du graphe fonctionnel représentent les échanges de données et permettent ainsi d'identifier les composants ayant plusieurs flux de données en entrée ou en sortie. Dans ces graphes, les arêtes représentent les flux d'information qui circulent dans l'application. Elles doivent donc rendre compte non seulement des interconnexions établies mais aussi des liens de synchronisation qui lient ces flux d'information entre eux. C'est pourquoi les liens de synchronisation inter-flux sont indiqués sur ces arêtes par des lignes verticales reliant les flux synchrones (voir Figure 30).

Le graphe fonctionnel étant dérivé du graphe des flots de contrôle, les arêtes conditionnelles indiquent donc de la même façon les choix de configurations et les contraintes d'utilisation de certains rôles.

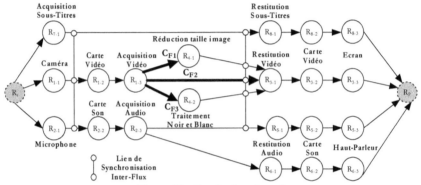

Figure 30 : Graphe fonctionnel

La plate-forme utilise ces graphes fonctionnels pour représenter les architectures possibles de l'application. Lorsqu'une architecture est choisie et que les lieux d'implantation des composants sont déterminés, le déploiement consiste à placer chaque composant sur une machine puis à les relier par des flux synchrones. Les opérateurs proposés par l'intergiciel permettent de réaliser la totalité des interconnexions nécessaires. Ils seront décrits plus loin.

Cette représentation par des graphes permet de disposer d'une image fonctionnelle de l'application indépendante de son déploiement. Elle virtualise l'architecture de l'application pour que la plate-forme puisse la connaître et la modifier. Il faut maintenant faire la même chose pour les flux d'information. C'est l'objet du modèle de flux Korrontea que je vais présenter maintenant.

III – 1.2 Virtualisation des flux d'information

Les médias existent sous différentes formes. On distingue, en particulier, les médias continus (audio, vidéo, etc.) et les médias discrets (texte, graphiques, images, événements, etc.). Ces deux types se différentient par leur relation au temps et leur structure. Les médias continus connaissent des contraintes temporelles intra-média fortes alors qu'elles sont faibles voire inexistantes pour les médias discrets. Ceci a une grande incidence sur la façon de les manipuler. De plus, il est possible que des médias appartenant à des types différents possèdent des relations de synchronisation inter-médias, par exemple vidéo et sous-titres. Le modèle doit donc intégrer les propriétés de séquence et les relations temporelles. Nous proposons que toutes les informations existent sous la forme de flux de données. Cette structure est intéressante car elle permet de tenir compte des propriétés temporelles [107]. Les médias continus sont déjà sous cette forme. Les médias discrets et les autres données seront, de même, considérés comme des flux. Il sera, de la sorte, possible de les séquencer et de les synchroniser. L'avantage de cette approche est de pouvoir manipuler toutes les données de la même façon et donc de simplifier la flexibilité de l'architecture des applications.

Chaque flux de données est produit par un unique composant localisé sur un site de l'application. Ces composants, appelés **sources localisées**, sont des composants d'acquisition ou de création des flux.
Un flux de données est composé d'une séquence, a priori infinie, d'échantillons de taille finie. Les échantillons sont, par exemple, une image issue d'une vidéo, une image fixe, du texte, un événement, etc. Chaque échantillon appartenant à un même flux est produit par la même source localisée. Bien entendu, certaines données peuvent exister sous la forme d'une séquence finie d'échantillons. Ceci se traduit par le fait que, lorsque tous les échantillons d'un tel flux ont transité, le flux n'existe plus.

L'objectif est de délivrer aux composants de l'application des flux de données contenant des objets qu'ils sachent traiter (une image complète, un bloc d'images MPEG, une ligne de texte, etc.). C'est pourquoi Korrontea considère ces objets comme des unités indivisibles. Les tailles des échantillons qui constituent ces objets sont définies par les sources localisées qui les produisent. Celles des objets eux-mêmes sont définies par les composants en fonction des traitements qu'ils effectuent. Un objet peut donc contenir un nombre d'échantillons quelconque. Korrontea définit l'**unité d'information** comme un ensemble fini d'échantillons du même flux de données. Afin de conserver les relations temporelles intra-flux, à chaque unité d'information est associé un numéro de séquence (voir Figure 31).

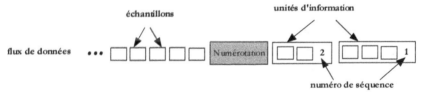

Figure 31 : Unités d'informations

Pour transporter plusieurs flux en synchronisme, Korrontea utilise des **tranches synchrones**. Elles sont constituées d'unités d'information de différents flux regroupées de façon à correspondre à une même période de temps et sont estampillées par une date. Une tranche synchrone peut contenir une ou plusieurs unités d'information d'un même flux (voir Figure 32 : flux 1, 2 et 4) ou n'en contenir aucune (voir Figure 32 : flux 3).

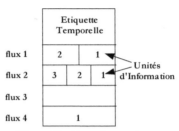

Figure 32 : Tranche synchrone

Le problème de l'étiquette temporelle a été étudié dans [99]. Le choix d'une horloge locale plutôt que globale a été guidé par les considérations suivantes :

1. La synchronisation intra-flux ne nécessite pas de date précise mais seulement des intervalles de temps.
2. On ne crée pas de synchronisation inter-flux a posteriori, on se contente de conserver celle qui existe à l'origine.

De 1. on peut déduire que la restitution correcte d'un flux peut être assurée quelle que soit l'horloge utilisée puisque seule la différence entre deux dates est utile. Ainsi un flux daté sur un autre site présentera des dates décalées par rapport à celles disponibles localement mais le débit du flux pourra être conservé.

De 2. on peut déduire que deux flux synchrones (par exemple capture de son et d'images) ont obligatoirement été créés sur la même machine. Ils sont issus de deux sources localisées disposant de la même horloge physique.

Korrontea définit alors le **flux synchrone** comme un flux composé de tranches synchrones. Il constitue l'élément de communication unique entre les composants de l'application. On appelle **flux primitif** un flux synchrone ne contenant que des unités d'information issues du même flux et **flux composé** un flux synchrone contenant des unités d'information issues de plusieurs flux. Le diagramme UML de la Figure 33 présente les principaux aspects du modèle Korrontea.

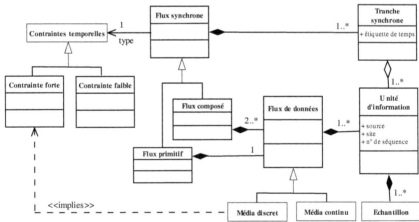

Figure 33 : Modélisation UML des flux Korrontea

À partir de ces représentations de l'architecture et des flux d'information, la plate-forme pourra déployer et reconfigurer l'application. Elle nécessite pour cela de recevoir des informations sur la QdS. Ces informations proviennent de l'application elle-même. En effet, chaque composant et chaque flux est amené à informer la plate-forme de la qualité du service qu'il fournit. Je vais maintenant décrire comment ces informations sont récupérées puis transmises à la plate-forme.

III – 2 Interaction application plate-forme

L'architecture virtuelle et le modèle de flux que nous avons définis permettent à la plate-forme d'avoir une vision de l'application sous la forme de graphes. Les nœuds de ces graphes sont des composants tandis que les arcs sont des flux.
C'est à partir de cette vision qu'elle doit évaluer la QdS et restructurer l'application. La QdS se traduit par la façon dont les composants effectuent leur traitement et par celle dont les flux circulent. La plate-forme doit donc pouvoir disposer d'informations de QdS en provenance de ces deux types d'entités. Elle doit savoir si un composant dispose bien des ressources (mémoire, processeur et, dans le cas des périphériques mobiles, batterie) dont il a besoin et si un flux dispose bien des ressources réseau qui lui sont nécessaires.
Pour fournir ces informations à la plate-forme, la solution retenue a été celle des conteneurs. Dans une telle situation une interaction par services n'était pas envisageable puisque la variation de ces ressources n'est pas seulement provoquée par l'utilisation des services proposés par l'environnement virtuel. Par exemple, si un processeur est trop chargé, et n'offre plus assez de ressources à un composant il se peut que cela n'ait aucun lien avec l'activité de ce composant ni même avec celle des autres composants de l'application résidant sur cette machine. En effet, cette machine accueille sans doute d'autres applications susceptibles de consommer ses ressources.
Nous avons donc proposé un conteneur pour les flux (Conduit) et un autre pour les composants métier de l'application (Osagaia). Nous allons maintenant détailler chacun de ces conteneurs et montrer comment ils permettent de réaliser l'architecture virtuelle et comment ils interagissent avec la plate-forme.

III – 2.1 Le Conduit : conteneur de flux

L'application est constituée de composants et de flux les interconnectant. La plate-forme doit pouvoir superviser ces flux et en connaître l'état. Nous avons choisi, dans ce but, de concevoir un conteneur de flux que nous avons appelé **Conduit**.
Le Conduit, outre son rôle de transport synchrone des flux de données, constitue l'une des sources d'information de la plate-forme sur l'état de l'application et de son environnement d'exécution.

L'architecture du Conduit est représentée par la Figure 34. Elle est constituée :
  – d'un port d'entrée et d'un port de sortie permettant sa connexion aux composants;
  – d'une unité d'entrée qui reçoit les unités d'information des flux d'entrée et constitue les tranches synchrones;
  – d'un mécanisme de communication qui transmet ces tranches synchrones vers l'extrémité du Conduit lorsque celui-ci est distribué sur le réseau. Dans le cas contraire ce mécanisme est remplacé par un transfert direct en mémoire;

– d'une unité de sortie qui récupère les tranches synchrones et les transmet au port de sortie;

– d'une unité de contrôle qui supervise le fonctionnement du Conduit et permet le dialogue avec la plate-forme de gestion de la QdS.

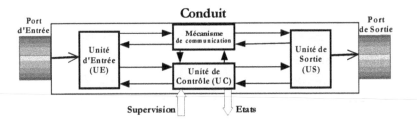

Figure 34 : Architecture interne du Conduit

L'unité de contrôle du Conduit surveille la circulation des flux. Elle informe la plate-forme lorsqu'elle détecte une accumulation de données en entrée. Cette situation indique un débit de réseau insuffisant et sera interprétée par la plate-forme comme un signe de dégradation de la QdS.

Cependant le contrôle de la QdS ne passe pas que par des phases de dégradation et il est important de savoir détecter les situations permettant de l'améliorer. Ainsi une unité d'entrée souvent vide indique que le réseau est sous employé. Pour le vérifier l'unité de contrôle peut, à la demande de la plate-forme, tester la bande passante résiduelle par émission de flux de test. Si le test est favorable la plate-forme peut envisager le remplacement du composant en entrée du Conduit par un composant de meilleure qualité produisant un flux plus lourd (par exemple un flux vidéo de meilleure définition).

Les opérations de reconfiguration initiées par la plate-forme concernant les flux d'information consistent seulement en des créations et des suppressions. Les connexions et déconnexions concernent, quant à elles les composants de l'application. Elles seront présentées avec le modèle de conteneur de composants.

III – 2.2 Osagaia : conteneur de composants métier

L'application est constituée de composants métier (CM) reliés par des flux d'information transportés par les Conduits et organisés par la plate-forme en groupes et sous-groupes. Ces composants présentent des propriétés fonctionnelles et des propriétés non-fonctionnelles. Les propriétés fonctionnelles rassemblent toutes les propriétés qui concernent la mise en œuvre des aspects métier du composant c'est-à-dire la fonctionnalité pour laquelle il a été conçu. Les propriétés non-fonctionnelles décrivent les moyens dont doit disposer le composant pour assurer un fonctionnement correct de la partie métier. Elles concernent également les mécanismes qui vont permettre son intégration au sein d'un ensemble de composants et de conduits et sa supervision par la plate-forme.

Les propriétés non-fonctionnelles sont donc de deux types (voir Figure 35) :

- Le premier est lié à la gestion des entrées/sorties c'est-à-dire la définition des interactions avec les autres composants. C'est à ce niveau qu'intervient directement le modèle de flux de données Korrontea.

64

- Le second est lié à des préoccupations de surveillance et de contrôle du fonctionnement du composant c'est à dire aux interactions qu'il va avoir avec la plate-forme.

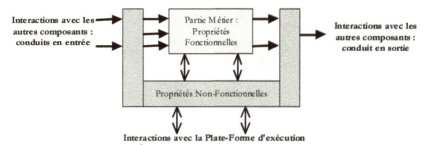

Figure 35 : Encapsulation des composants métier dans un conteneur

L'utilisation d'un conteneur de composant métier répond à cette volonté de séparation des préoccupations. L'architecture retenue pour ce conteneur (Figure 36) est directement dérivée de celle présentée à la Figure 35.

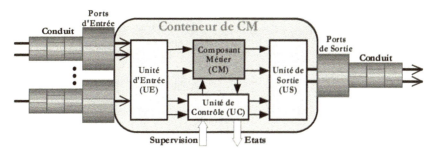

Figure 36 : Architecture du conteneur de CM

Les conteneurs sont reliés entre eux à l'aide de Conduits chargés d'assurer l'acheminement des flux synchrones. Le Conduit est l'entité fonctionnelle du modèle chargée de transporter les flux synchrones composés ou primitifs. Tout Conduit connecté à un conteneur transporte au moins un flux de données destiné à être traité par le CM sinon il ne lui aurait pas été connecté. En revanche, tous les flux de données qu'il contient ne sont pas nécessairement traités par le CM puisque le conduit transporte des groupes complets de flux synchrones parmi lesquels seuls certains sont destinés au CM. Il faut donc que le conteneur permette de distribuer les flux à traiter au CM et de faire transiter ceux qu'il n'utilise pas. Ce mécanisme sera détaillé plus loin (2.1.1). La méthode de conception mise en œuvre permet de décomposer l'application en rôles atomiques [98]. Les rôles atomiques tels qu'ils sont définis dans [98] correspondent à une fonction précise. Ceci signifie qu'un tel composant produit un seul flux de sortie qui peut être primitif ou composé. En d'autres termes si le même composant produit plusieurs flux de données c'est qu'ils sont synchrones. Dans le cas contraire ce composant doit être séparé en deux rôles atomiques indépendants. Les conteneurs acceptent donc un ou plusieurs Conduits en entrée et un seul Conduit en sortie. Les connexions entre les

Conduits et le PE sont réalisées à l'aide de ports d'entrée/sortie qui sont gérés par les unités d'entrée (UE) et de sortie (US).

Comme pour le Conduit, les interactions du conteneur avec la plate-forme sont prises en charge par l'unité de contrôle (UC). Elle permet la supervision du CM par la plate-forme et informe celle-ci de la façon dont le CM effectue sa tâche.

Je vais maintenant présenter le fonctionnement de ce conteneur relativement aux deux types de propriétés non fonctionnelles définies précédemment.

III – 2.1.1 Connexion aux autres composants

Les flux d'entrée parviennent au conteneur par des Conduits. Chacun de ces Conduits contient un ou plusieurs flux primitifs dont certains seront traités par le CM. Le conteneur doit donc fournir au CM les flux dont il a besoin sans perdre les relations de synchronisation qui les liaient aux autre flux. De même il doit récupérer les objets crées par le CM pour les constituer en un flux synchrone à destination du Conduit de sortie. En outre il doit assurer que les flux non traités par le CM transitent vers la sortie sans perdre les relations de synchronisation entre eux ni avec les nouveaux flux produits.

Les tranches synchrones reçues dans les ports sont séparées en plusieurs flux primitifs et stockés par l'UE. Après quoi, l'UE les redirige vers leurs destinations respectives. Ainsi, les k flux primitifs traités par le CM lui sont envoyés, les $n-k$ autres transitent directement de l'UE vers l'US. Le transfert des unités d'information des flux à traiter vers le CM est à l'initiative de ce dernier. Lorsque le CM effectue la lecture de la dernière unité d'information de la tranche en cours, les transferts de l'UE vers l'US des flux non utilisés sont déclenchés. La Figure 37 illustre ce fonctionnement.

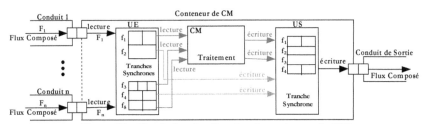

Figure 37 : Circulation des flux dans le conteneur de CM

L'UE offre deux services au CM pour accéder aux flux en entrée. Le premier est une lecture bloquante jusqu'à ce que le flux soit approvisionné. Il est généralement utilisé pour les flux réguliers pour lesquels cette attente ne peut excéder un certain délai. Le second est une lecture non bloquante et est adapté aux flux non réguliers.

L'US offre également au CM un service d'écriture dans le flux de sortie. Elle constitue alors le flux synchrone de sortie à partir des objets produits par le CM et, le cas échéant, de ceux récupérés dans les flux qui transitent. Elle doit donc reconstituer des tranches synchrones et leur apposer une étiquette temporelle. Deux cas peuvent alors se présenter :

- Le premier correspond au cas où le conteneur ne possède pas d'entrées. On se trouve alors dans une situation où le CM crée un ou plusieurs flux primitifs, par exemple par acquisition grâce à un périphérique, c'est à dire lorsqu'il constitue une source localisée. Dans ce cas l'US crée le nouveau flux composé en initialisant les attributs des unités d'information et des tranches synchrones. Chaque unité d'information se voit attribuer un numéro de séquence puis est encapsulée dans une tranche synchrone munie d'une étiquette temporelle délivrée par l'horloge physique locale du site.
- Le second correspond au cas où des conduits d'entrée sont connectés au conteneur. On se trouve alors dans le cas où le CM transforme des flux et n'est donc pas une source localisée. Le principe retenu est que le flux de sortie soit étiqueté en fonction des dates de ceux qui ont servi à la créer. Comme il est possible que les différents Conduits en entrée ne soient pas issus du même site, le choix de cette datation de référence ne peut être fait de façon triviale. Le modèle Osagaia propose que ce choix soit laissé au concepteur de l'application en définissant, parmi les flux d'entrée d'un CM, un flux dit **prépondérant** qui servira de référence temporelle. Il apparaît en effet que, lorsque plusieurs flux sont utilisés pour en former un seul (c'est le cas par exemple lorsque l'on incruste une vidéo sur une autre), seule la sémantique des flux peut permettre de savoir celui qui doit servir de référence au flux produit. Ainsi incruster une vidéo montrant un présentateur de journal télévisé sur une vidéo montrant la manifestation qu'il commente n'est pas équivalent à faire le contraire qui n'aurait d'ailleurs aucun sens. Il est donc nécessaire que le concepteur de l'application puisse désigner l'image du présentateur comme prépondérante par rapport à celle de la manifestation.

Les interactions entre l'UE et les Conduits d'entrée ainsi qu'entre l'US et les Conduits de sortie se font par événements. Les Conduits d'entrée envoient un événement à l'UE dès qu'une tranche synchrone est disponible tandis que l'US fait de même avec le Conduit de sortie. Une présentation détaillée de ces dialogues peut être trouvée dans [110].

III – 2.1.2 Interactions avec la plate-forme

Les interactions application plate-forme en ce qui concerne les composants passent par le conteneur Osagaia. Il matérialise le lien entre les CM et la plate-forme. Nous allons maintenant voir comment ces liens sont réalisés d'une part entre le CM et son conteneur et, d'autre part, entre le conteneur et la plate-forme.

Pour que le CM puisse s'intégrer dans le conteneur il est nécessaire qu'il respecte un canevas approprié. Le canevas proposé permet au conteneur de piloter le CM. Dans ce but Osagaia définit une interface requise par l'UC du conteneur et que doivent implémenter les CM. Elle est présentée à la Figure 38.

```
+---------------------------------------------------------------+
|                      <<interface>>                            |
|                    ControleComposant                          |
+---------------------------------------------------------------+
| + marche() : void                                             |
| // Cette opération permet de lancer l'exécution du composant métier |
|                                                               |
| + arret() : void                                              |
| // Cette opération permet de stopper l'exécution du composant métier |
|                                                               |
| + ajusterQdS(float niveau) : void                             |
| // Cette opération permet d'ajuster le niveau de qualité de service d'un composant |
| métier si celui-ci propose plusieurs niveaux de qualité       |
|                                                               |
| + obtenirNiveauQdS() : float                                  |
| // Cette opération permet de récupérer le niveau de QdS fourni par le composant |
| métier                                                        |
|                                                               |
| + obtenirFluxTraites() : String[]                             |
| // Cette opération permet de connaître les flux traités par le CM |
+---------------------------------------------------------------+
```

Figure 38 : Interface de contrôle des CM

- Les méthodes *marche* et *arrêt* permettent au concepteur du CM de contrôler la façon dont son composant est piloté par le conteneur. Ainsi, par exemple, il pourra, lors d'un arrêt, choisir de terminer l'opération en cours et produire un dernier résultat en sortie ou de stopper immédiatement.
- Les méthodes d'ajustement et de lecture de la QdS ne seront réellement utilisées que si le CM est paramétrable du point de vue de sa QdS. De nombreux traitements multimédia, comme par exemple ceux de compression, peuvent ajuster leurs algorithmes pour obtenir des résultats de qualités différentes. Dans ce cas ces méthodes permettront d'agir sur ce comportement ainsi que de connaître la QdS actuellement appliquée. Un ajustement de QdS pourra donc se faire par ce biais ou, à défaut, par remplacement du composant.
- La dernière méthode permet à l'UC de mettre en place la circulation interne des flux dans le conteneur en découvrant ceux que le CM utilise et, par différence, ceux qui doivent transiter.

Les opérations de reconfiguration initiées par la plate-forme et concernant les CM consistent en [111]:
- ajout d'un composant;
- retrait d'un composant;
- remplacement d'un composant;
- ajustement du comportement d'un composant.

Ces opérations sont effectuées par la plate-forme sur le conteneur de CM puisque c'est lui qui assure la liaison avec la plate-forme. Il propose, dans ce but, une interface requise par la plate-forme. Elle correspond aux échanges de type supervision/états définis à la Figure 35. Cette interface est présentée à la Figure 39.

- Les commandes de supervision concernent les connexions, l'activité du CM et le pilotage de sa QdS, celles d'état concernent l'activité du CM, la QdS qu'il offre et les flux qu'il traite.

• Les états fournis par cette interface ne concernent qu'une vue statique de l'activité du CM. Elles se limitent à savoir si le Cm est actif et à connaître les flux qu'il utilise.

<<interface>> ControleConteneur
// Gestion des connexions et déconnexions du conteneur
+ connexion(Conduit[] conduitE, ComposantMetier composant, Conduit conduitS) : void *// Cette opération permet de connecter les conduits passés en paramètre*
+ deconnexion() : void *// Cette opération permet de déconnecter les conduits passés en paramètre*
+ changerConnexions(Conduit[] conduitE, Conduit conduitS) : void *// Cette opération permet de modifier les connexions en entrée et en sortie*
// Gestion du Cycle de vie du Composant Métier
+ demarrerCM() : void *// Cette opération permet de démarrer le composant métier*
+ arreterCM() : void *// Cette opération permet d'arrêter le composant métier*
+ etatCM() : boolean *// Cette opération permet de connaître l'état d'exécution du composant métier*
+ changerQdSCM(float niveau) : void *// Cette opération permet d'ajuster le niveau de qualité de service du composant métier*
+ obtenirQualiteCM() : float *// Cette opération permet de récupérer le niveau de QdS fourni par le composant métier*
+ obtenirFluxTraites() : String[] *// Cette opération permet de connaître les flux traités par le CM*

Figure 39 : Interface requise par la plate-forme et offerte par le conteneur

Toutefois le conteneur ne limite pas son interaction avec la plate-forme à ces seules informations. Il est capable de générer des événements à destination de la plate-forme afin de l'informer du contexte dans lequel le CM s'exécute.

La mesure du nombre d'unités d'information se trouvant dans l'UE traduit le rythme de consommation par le CM des données issues des conduits d'entrée. Si cette quantité croît, on peut en déduire que le CM ne dispose pas de suffisamment de ressources matérielles pour suivre les débits en entrée. Si une telle situation perdure ou se répète, on aboutit à une surcharge de la mémoire qui peut avoir pour conséquence une augmentation du temps de latence de bout en bout. On peut donc déduire que le CM ne convient pas dans le contexte actuel et qu'il faut le remplacer. La situation inverse où cette quantité est souvent nulle permet de déduire que le CM consomme très rapidement les flux d'entrée. Ceci indique qu'il s'exécute dans un contexte particulièrement favorable qui pourrait accueillir un CM plus sensible au contexte mais offrant une meilleure QdS.

Des mesures identiques sur l'US n'apportent aucune information sur la QdS du CM. En effet la fluidité du flux de sortie est contrôlée par le Conduit de sortie.

Dans le cadre du projet TCAP concernant l'intégration dans des applications multimédia de périphériques mobiles, les CM doivent pouvoir être implantés sur des hôtes fixes mais aussi sur des périphériques légers. La prise en charge de l'hétérogénéité des supports matériels et des systèmes d'exploitation par la plate-forme (voir Figure 9 page 20) ne peut plus être garantie lorsque l'on intègre des périphériques mobiles. Bien que nous ayons choisi les capteurs SunSpot disposant d'une machine virtuelle java (Squawk) celle-ci est très allégée puisqu'elle est à la norme CLDC[13] 1.1 [51]. Elle n'offre par exemple aucun mécanisme d'introspection ni de chargement dynamique de classes ni même de sérialisation. De plus de nombreux capteurs ne supportent pas de MVJ mais d'autres machines virtuelles comme Mate [126] ou Magnet [127].

L'hétérogénéité peut toutefois être garantie par l'utilisation de conteneurs capables d'encapsuler les composants métiers et d'offrir à la plate-forme une vision unifiée de ces composants. Bien entendu cela suppose d'écrire une version appropriée de ces conteneurs pour chaque famille de capteurs. Il est parfaitement possible d'adapter le modèle Osagaia à cette fin. Pour que l'hétérogénéité soit conservée il convient que la plate-forme puisse s'adresser à ces conteneurs de la même façon qu'ils soient sur un poste fixe ou mobile. Les relations avec la plate-forme se faisant par l'unité de contrôle, il suffit que celle-ci soit déportée sur un l'hôte fixe (le plus proche du périphérique) ainsi c'est elle qui prend en charge le mode de communication par radio adapté et offre à la plate-forme une interface standard (voir Figure 40). Cette proposition est décrite dans [122].

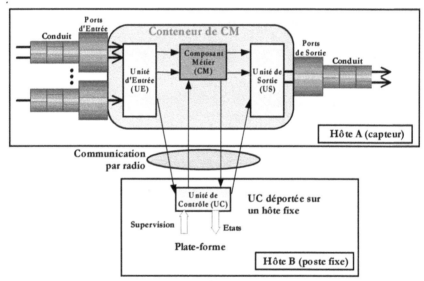

Figure 40 : Modèle Osagaia adapté

Le conteneur proposé utilise les informations disponibles sur le capteur pour informer la plate-forme sur l'état de la batterie, la mémoire disponible, la charge du processeur, etc.

Nous venons de voir comment sont définis les conteneurs pour les composants et pour les flux. Le transport de flux d'information est confié aux Conduits, ils sont donc la matérialisation de l'intergiciel. Ils transportent les flux virtuels définis par le modèle Korrontea et informent la plate-forme sur leur fonctionnement. Le modèle Korrontea définit

---

[13] CLDC : *Connected Limited Device Configuration*

des tranches synchrones regroupant les échantillons issus de plusieurs flux correspondant à une même étiquette temporelle. L'UE du Conduit a pour rôle de constituer ces tranches synchrones qui sont ensuite transportées vers l'US. La façon de constituer ces tranches synchrones définit le fonctionnement de l'intergiciel. Nous allons maintenant voir comment procède l'intergiciel proposé pour la plate-forme Kalinahia.

III – 3 L'intergiciel

L'intergiciel doit pouvoir faire communiquer les différents composants de l'application et accepter que les connexions qu'il propose soient modifiées par la plate-forme. Afin de rendre ceci possible, Korrontea propose un modèle de flux de données unique utilisé pour tous les types de médias et, au-delà, pour tous les types de données que les composants sont susceptibles de s'échanger. L'intergiciel est matérialisé par des composants supervisables appelés Conduits qui prennent en charge le transport de ces flux localement et au travers d'un réseau. C'est donc le mécanisme de communication utilisé par les Conduits qui définit le fonctionnement de l'intergiciel. Dans le cas des applications multimédia c'est un mécanisme de synchronisation des flux qui a été retenu. La possibilité de redéfinir ce mécanisme de communication nous permet de réutiliser le modèle de Conduit défini pour le transport synchrone de flux multimédias afin de réaliser un intergiciel adapté aux capteurs sans fil. Il suffit pour cela de choisir une politique de communication adaptée à ce type de périphérique. Ce point sera détaillé plus loin.

III – 3.1 Intergiciel pour la synchronisation

La principale caractéristique des applications multimédias réparties réside dans la manipulation d'un grand volume de données contraintes par des exigences temporelles. Nous sommes là dans un cas particulièrement caractéristique d'éloignement très important entre les informations manipulées par l'application et celles que connaît la machine et le réseau même lorsque l'on utilise, comme c'est le cas, une machine virtuelle java. C'est pourquoi il est nécessaire de définir un intergiciel capable de transporter ces données multimédias en respectant les contraintes de synchronisation à l'intérieur des flux et entre les flux.

Le canal de communication utilisé pour transporter les flux synchrones définis par le modèle Korrontea est réalisé par le composant spécifique appelé Conduit. La constitution de tranches synchrones pose le problème de la granularité des flux continus lorsqu'ils sont numérisés. Si ces tranches sont grandes les flux sont saccadés, si elles sont trop petites la synchronisation peut ne plus être assurée car de nombreux flux ne sont pas représentés dans la tranche synchrone (cas du flux 3 de la Figure 32 page 62). Pour résoudre ce problème Korrontea prend en compte les propriétés temporelles des flux de l'application. Il définit des flux à **contraintes fortes** et des flux à **contraintes faibles** en fonction d'une durée d dont la détermination revient au concepteur de l'application [108].
Les flux à contraintes fortes sont ceux pour lesquels quel que soit l'instant t, au moins une unité d'information sera rencontrée sur le flux entre t et $t+d$. Les flux à contraintes faibles sont ceux pour lequel cette propriété n'est pas vérifié en permanence c'est-à-dire qu'il existe au moins un instant t pour lequel aucune unité d'information n'est disponible entre t et $t+d$. Intuitivement on peut dire que les flux à contraintes fortes sont ceux sur lesquels de l'information circule régulièrement et les flux à contraintes faibles ceux sur lesquels l'information est sporadique. Cependant le terme "circule régulièrement" est fort peu précis. En effet, si tout le monde s'accorde pour dire qu'un flux vidéo correspond bien à cette

définition, qu'en est-il d'un flux transportant les images d'une présentation de type *PowerPoint* ou d'un flux transportant des événements se produisant toutes les heures ou une fois par jour ? Formellement ils correspondent bien à cette définition toutefois ils ne peuvent servir à définir la granularité du transport. Le choix de la valeur d permet alors au concepteur de régler cette granularité de transport des flux et donc leur fluidité en fonction des besoins de son application.

La politique de création des tranches synchrones appliquée dans les Conduits consiste à constituer une tranche synchrone dont la taille est la taille minimale permettant de contenir au moins une unité d'information de chacun des flux à contraintes fortes. Ceci signifie que dans chaque tranche synchrone il existe au moins un flux à contrainte forte pour lequel une seule unité d'information est présente. Lorsque le Conduit ne transporte que des flux à contraintes faibles, la taille maximale de la tranche synchrone est limitée par la valeur de fluidité d définie par le concepteur.

La durée d'une salve de transmission étant définie par la taille des tranches synchrones, cette politique garantit que cette durée sera toujours inférieure ou égale à d. Les algorithmes implémentant cette politique ainsi qu'une démonstration de leur validité sont présentés dans [99].

Afin de permettre de réaliser toutes les interconnexions nécessaires à l'application, Korrontea propose cinq opérateurs :

- L'opérateur de séparation permet d'éclater un flux composé en ses flux primitifs. La synchronisation est perdue. Il sera utilisé par exemple pour séparer une vidéo et des sous-titres lors de leur restitution, le premier étant dirigé vers un composant d'affichage de vidéo et le second vers un composant d'affichage de texte.
- L'opérateur de fusion effectue l'opération inverse. Il ne peut fonctionner que si tous les flux primitifs en entrée sont issus du même site : la synchronisation existant entre ces flux est concrétisée. Il sera utilisé par exemple pour synchroniser le son récupéré sur un micro et l'image issue d'une caméra.
- Les opérateurs de disjonction et de conjonction permettent de séparer un flux composé en sous parties afin qu'il puisse subir des traitements en parallèle puis de reconstituer le flux composé. La conjonction ne peut porter que sur des flux issus d'une disjonction antérieure. La synchronisation est préservée car les étiquettes temporelles des flux obtenus par la disjonction sont conservées. Ainsi, grâce à ces étiquettes, l'opérateur de conjonction peut reconstituer les tranches synchrones contenant l'ensemble de flux séparés.
- L'opérateur de duplication permet d'obtenir deux copies identiques d'un flux synchrone par exemple pour les envoyer vers deux sites différents.

L'intergiciel présenté ici a fait l'objet d'un prototype écrit en java réalisant une vidéoconférence reconfigurable (téléchargeable sur http://www.iutbayonne.univ-pau. fr/~roose/pub/recherche/osagaiakorrontea/) et est décrit dans [109].

L'intergiciel décrit précédemment est spécifiquement destiné au transport de flux multimédia synchrones sur l'Internet. Toutefois, le modèle de Conduit utilisé est suffisamment général pour qu'il puisse être adapté à la mise en œuvre d'un intergiciel destiné au transport d'autres types de flux d'information. C'est la démarche que nous avons retenue pour le projet TCAP pour gérer la mobilité des périphériques contraints.

III – 3.1 Intergiciel pour la mobilité

Les moyens de communication des périphériques légers font appel à des liaisons radio utilisant des formats différents (Wifi, Zigbee, Bluetooth) et des protocoles de routage spécifique comme OLSR [124]. Les capteurs sont utilisés pour produire des mesures c'est pourquoi les intergiciels proposés dans les réseaux de capteurs comme Mires [125] fonctionnent de façon asynchrone par messages.

Le modèle de Conduits proposé unifie les informations sous la forme de flux de données ce qui permet de proposer de l'adapter au transport des informations entre capteurs, périphériques mobiles et postes fixes de l'application [120]. Il suffit pour cela de définir un mécanisme de communication ad hoc et de remplacer la politique de synchronisation par une politique adaptée (temps réel avec ou sans pertes, priorités, etc.) voir Figure 41.

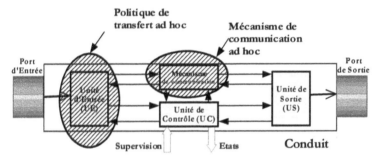

Figure 41 : Modèle ce Conduit adapté

Par ailleurs ni les formats d'information ni ceux de communication ne sont identiques sur les divers périphériques mobiles. Par exemple, la taille des écrans des PDA ou des téléphones n'est pas toujours la même. De plus les protocoles de communication par radio différent d'un modèle à un autre. Adapter ces formats et ces protocoles relève du rôle de l'intergiciel. Si réduire la taille d'une image pour s'adapter aux ressources du réseau relève de la gestion de la QdS, la réduire pour l'adapter à la taille de l'écran relève de l'hétérogénéité. C'est, par conséquent, l'intergiciel qui doit prendre en charge ce type d'adaptation. Les travaux de thèse de M. Derdour actuellement en cours portent sur cette problématique. Ces adaptateurs seront ensuite introduits en amont de l'UE et en aval de l'US.

Le second problème soulevé par les périphériques mobiles est celui de leur accessibilité. Nous proposons que l'intergiciel fournisse un service de routage permettant de conserver une table de routes à jour pour atteindre tous les composants de l'application. Il est à la fois un service espion et un service d'information. Il est un service espion lorsqu'il détecte la disparition d'une route en cours d'utilisation. Dans ce cas, il avertit la plate-forme qu'il est nécessaire et urgent d'effectuer une reconfiguration utilisant une autre route afin de continuer à assurer le fonctionnement de l'application. Il émet également une alerte lorsqu'il détecte un changement de route, en avertissant la plate-forme qui décidera, selon la route concernée, d'évaluer s'il est opportun de reconfigurer l'application.

Enfin, l'intergiciel doit permettre d'utiliser les routes découvertes c'est-à-dire d'utiliser des postes fixes ou mobiles en tant que relais vers d'autres sites. Ceci signifie que certains

Conduits seront mis en place dans le seul but de transporter des flux en transit. Ce principe est décrit dans [121].

Nous allons maintenant présenter l'architecture interne et le fonctionnement des plates-formes réalisées.

III – 4 Modèle d'exécution

Kalinahia met en œuvre une adaptation de l'architecture de l'application en fonction des informations de QdS qu'elle recueille. Elle doit donc disposer d'un moyen d'évaluer la QdS et de la comparer à celle qu'offriraient d'autres configurations.

Je vais, tout d'abord, présenter le modèle de QdS que nous avons retenu. Il est basé sur deux critères essentiels qui sont la qualité intrinsèque et la qualité contextuelle. Le premier ne s'intéresse qu'à la qualité offerte. Il distingue, par exemple un composant de réduction de taille d'image qui se contente d'enlever des pixels de celui qui utilise un filtrage permettant de conserver la qualité de l'image initiale. Le second tient compte du fait que la qualité offerte peut ne pas être la même selon le contexte. Dans le cas, par exemple, d'un composant de détection de mouvement la qualité de cette détection peut dépendre de la taille de l'image, du nombre de couleurs, du débit vidéo, etc.

À partir des informations qu'elle reçoit des conteneurs de CM et des Conduits, la plate-forme doit procéder, si nécessaire, à une reconfiguration de l'application. Pour ce faire, elle interprète les informations reçues et les classe selon leur importance. Après quoi elle utilise une euristique pour choisir une nouvelle configuration. Cette euristique est construite sur une notion de proximité de service qui correspond au fait que la nouvelle architecture proposée doit être aussi proche que possible, du point de vue des utilisateurs, que celle qu'elle remplace.

Je vais maintenant détailler le modèle d'exécution de la plate-forme pour applications multimédia et de celle retenue pour les applications multimédia intégrant des périphériques mobiles. La première est constituée de cinq entités qui gèrent respectivement l'évaluation de la Qds, les configurations, la supervision de l'application, les utilisateurs et la communication. La seconde est constituée de trois entités. Celle appelée supervision effectue les tâches de restructuration. Les deux autres sont des usines produisant, à la demande, des conteneurs de CM et des Conduits adaptés aux périphériques qui doivent les accueillir. Elle utilise également le service de routage fourni par l'intergiciel.

III – 4.1 Modèle de qualité de service

La plate-forme a pour but de gérer la qualité du service offert aux utilisateurs. Cette qualité, définie par l'adéquation entre le service souhaité par l'utilisateur et le service qui lui est fourni, peut être modélisée de façon plus simple que dans le cas général des applications réparties car, dans une application multimédia, seules comptent les caractéristiques des logiciels que l'utilisateur peut directement percevoir. Il est important que la plate-forme puisse évaluer à la fois les services offerts et la façon dont ils le sont. Ainsi il est préférable de proposer une vidéo de moindre définition si c'est la condition pour qu'elle soit fluide. De même un utilisateur ne comprenant pas la langue du locuteur pourra se contenter d'une bande son de basse qualité à la condition qu'il dispose de sous-titres. C'est pourquoi nous utilisons deux critères de QdS d'une part les caractéristiques indépendantes du contexte, c'est le critère intrinsèque (In), et d'autre part les caractéristiques dépendant du contexte, c'est le critère contextuel (Co). De cette manière, notre modèle souligne l'importance du contexte et de ses variations. Pour représenter la QdS d'une entité, nous utilisons deux notes, variant entre 0 et

1, octroyées à chacun des critères. La courbe de QdS d'une entité peut alors être représentée dans le cube unitaire (voir Figure 42 à gauche). La QdS, à chaque instant t, peut être représentée par le point du plan ayant In et Co pour coordonnées dans un repère orthonormé (voir Figure 42 à droite). Pour de plus amples détails, le lecteur pourra se référer à [105].

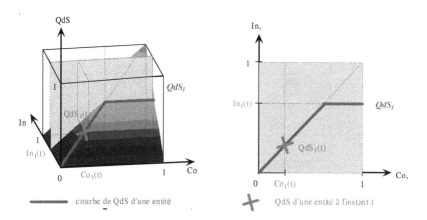

Figure 42 : Représentation de la QdS

Ce modèle de QdS permet à la plate-forme d'évaluer celle fournie mais également celles que fourniraient d'autres configurations. C'est de cette manière qu'elle peut choisit celle qu'elle va mettre en place lors d'une restructuration. Nous allons maintenant voir comment s'effectue ce choix.

III – 4.2 Choix de la configuration

La plate-forme réagit à des changements d'état de l'application, du contexte d'exécution matériel et du contexte lié aux utilisateurs. On distingue donc trois types d'événements :
- changements d'état de l'application : ils sont signalés par le conteneur de CM.
- changements d'état du contexte d'exécution matériel : ils sont signalés par l'intergiciel.
- changements d'état du contexte lié aux utilisateurs : ils sont signalés par des composants "espions" qui transmettent des informations non mesurables comme la langue utilisée par un locuteur dans une vidéoconférence. Ces événements indiquent que le service n'est plus adapté. Le concepteur de l'application associe un composant espion à chaque caractéristique de service qui lui semblera opportune. Ce composant compare l'état de la caractéristique avec les vœux de l'utilisateur et génère un événement de reconfiguration s'il y a une différence. L'événement produit induit des contraintes sur les solutions à trouver comme l'utilisation obligatoire de tel composant ou de telle fonctionnalité ou la suppression d'une entité. Il est à remarquer que des composants espions ajoutés par la plate-forme sont également utilisés pour détecter l'arrivée ou le départ d'un utilisateur et participent de ce fait au déploiement de l'application en provoquant la création ou la suppression d'une instance de Groupe. Ces composants espions sont hébergés par le gestionnaire de supervision.

Ces événements seront interprétés par la plate-forme en termes de variation de la QdS. Il est alors important de les classer selon le type de variation qu'ils indiquent. Le Tableau 4 montre les différentes interprétations retenues.

Origine	Cause	Interprétation
Conteneur de CM	UE vide	1 : La QdS de ce composant peut être augmentée
	UE pleine	2 : La QdS de ce composant diminue
Conduit	UE vide	3 : Le débit du réseau est sous employé, la QdS peut être augmentée
	UE pleine	4 : Le réseau est saturé, la QdS diminue
Composant espion	Modification de service	5 : La QdS doit être adaptée
	Arrivée/départ d'un utilisateur	6 : Un déploiement ou une suppression est nécessaire

Tableau 4 : Origine, cause et interprétation des variations de QdS

Un ordre de priorité est ensuite introduit entre ces diverses situations :
La plus forte priorité est donnée aux situations indiquant une diminution (cas 2 et 4 du Tableau 4) ou une inadaptation de la QdS (cas 5 du Tableau 4). Elles correspondent à des situations dans lesquelles le service offert n'est plus adéquat et doivent donc provoquer une réaction rapide. Parmi celles-ci, celles correspondant à un service inadapté sont les plus prioritaires puisqu'elles indiquent qu'un utilisateur reçoit un service peu ou pas utilisable. De plus, une telle situation provoquera obligatoirement une modification portant sur le critère intrinsèque de QdS donc plus profonde que l'autre situation qui peut se contenter de modifier le critère contextuel. Notons également qu'une modification du critère intrinsèque étend ou restreint les qualités qu'une application peut potentiellement atteindre lors de variations du contexte ce qui n'est pas le cas du critère contextuel.
La priorité de rang deux est octroyée aux situations indiquant l'arrivée ou le départ d'utilisateur (cas 6 du Tableau 4) car un utilisateur peut patienter avant de disposer de l'application le temps que la plate-forme améliore le service des autres utilisateurs. L'arrivée de ce nouvel utilisateur peut améliorer la situation puisque l'application dispose d'un nouveau poste ou la dégrader puisque la charge du réseau sera localement augmentée ainsi que celle de certains postes.
Enfin la priorité de rang trois est affectée aux situations indiquant qu'une augmentation de la QdS est possible (cas 1 et 3 du Tableau 4). Cette priorité plus faible se justifie par le fait que le service actuellement offert est acceptable et que son amélioration est un plus que la plate-forme peut et doit apporter mais seulement lorsque les situations critiques ont été traitées.

Tous ces événements sont transmis à la plate-forme et sont susceptibles de provoquer une reconfiguration de l'application. Lorsqu'une telle reconfiguration est nécessaire, la plate-forme doit proposer une configuration offrant une meilleure QdS. Il s'agit donc, a priori, de trouver un assemblage optimum de composants. Or ce problème est connu pour être NP-complet dans le cas général [118][119].
Devant le constat qu'il n'était pas possible d'espérer que la plate-forme propose la configuration optimale, nous avons choisi une approche tenant compte de l'incidence des

réorganisations sur la perception qu'a l'utilisateur du service offert. En effet, il ne semble pas souhaitable que l'utilisateur assiste à de brusques variations de la façon dont le service lui est présenté. Nous avons donc proposé d'implanter une configuration meilleure dont le service soit le plus proche possible de la configuration en cours d'exécution. Nous définissons ainsi la proximité de service : deux configurations ont des services proches [éloignés] si l'utilisateur perçoit peu ou pas [énormément] le passage de l'une à l'autre.

Pour que le service rendu soit proche, la première condition est que ce service soit de même nature c'est-à-dire que les caractéristiques du service ne dépendant pas du contexte soient identiques. Notre modèle traduit alors cette propriété par des notes identiques pour le critère intrinsèque de QdS. La plate-forme commencera donc sa recherche par l'évaluation des configurations ayant la même note de critère intrinsèque que la configuration actuelle. Elle se contentera donc dans un premier temps de modifier la note du critère contextuel.

Les actions de la plate-forme respectent les vues de l'application. Elles consistent en :

- déploiement d'un service : déploiement des fonctionnalités de ce service;
- déploiement d'une fonctionnalité : ajout des composants et établissement des connexions;
- suppression d'un service : suppression des fonctionnalités de ce service non partagées;
- suppression d'une fonctionnalité : suppression des composants et des connexions de cette fonctionnalité non partagées;
- redéploiement d'un service : déplacement de composants ou ajustement de la QdS de composants ou remplacement de composants.

Si la nouvelle configuration n'est pas satisfaisante, la plate-forme en sera informée par le biais de nouveaux événements de reconfiguration ce qui permettra d'améliorer la QdS par une nouvelle recherche et d'atteindre ainsi, de proche en proche, la meilleure configuration. La Figure 43 illustre ce principe qui est apparenté à la méthode du recuit simulé utilisée en particulier dans des problèmes de placement et de routage en électronique.

La recherche d'une configuration meilleure se fait en étudiant successivement des ensembles finis de configurations ayant des services proches : les familles. Chaque famille fournit un service de même nature et possède la même note de critère intrinsèque. Elles ne se différencient donc que par leur adaptabilité au contexte. La plate-forme recherche tout d'abord des solutions parmi les configurations de même critère intrinsèque avant d'évaluer la QdS des configurations ayant un critère intrinsèque différent.

Pour évaluer une configuration possible la plate-forme propage un vecteur de QdS sur le graphe représentant chaque fonctionnalité (sous-groupe) constituant le service évalué. Chaque nœud et chaque arc de ce graphe représente un opérateur à appliquer sur ce vecteur. En effet, les nœuds correspondent aux composants et l'opérateur appliqué sur le vecteur de QdS tient compte des composantes intrinsèques et contextuelles de ce composant. De même les arcs représentent des Conduits et l'opérateur appliqué sur le vecteur de QdS tient compte des informations fournies par l'intergiciel sur la fluidité des transmissions.

L'évaluation du service offert est ensuite obtenue par une pondération des résultats obtenus sur chacune des fonctionnalités. Cette pondération est fournie par l'utilisateur de ce service qui peut ainsi indiquer ses préférences en termes de constitution du service conformément au modèle structurel de l'application présenté en Figure 28 page 58

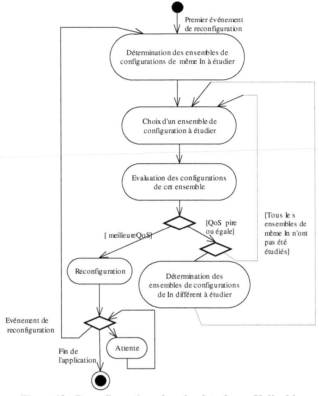

Figure 43 : Reconfigurations dans la plate-forme Kalinahia

.

Le fonctionnement de cette heuristique a été testé à l'aide d'un prototype (téléchargeable sur http://www.iutbayonne.univ-pau.fr/~roose/pub/recherche/kalinahia/) développé avec Labview de National Instruments qui est un outil de simulation dédié à la supervision et aux flux de données. Les tests effectués ont montré que la plate-forme réagissait convenablement aux diverses variations de contexte. Et en particulier que, lorsque le contexte retrouve sa situation antérieure après avoir évolué, la plate-forme peut proposer une QdS de note identique mais en utilisant une configuration différente. La note de QdS reflétant l'adéquation entre le service fourni et celui souhaité par l'utilisateur, la configuration choisie, bien que différente, fournit donc une satisfaction équivalente à l'utilisateur. Ceci illustre bien le fait que seule la satisfaction de l'utilisateur a de l'importance. De plus, en ne cherchant pas l'optimum, la plate-forme Kalinahia stabilise le service et apporte une meilleure plasticité donc un comportement meilleur à l'application illustrant ainsi une notion proche du dilemme stabilité/précision connu en automatique. Une recherche exhaustive de la meilleure configuration, si elle était possible, ne présenterait pas cette plasticité ni ce pouvoir stabilisant.

À partir du modèle de QdS et des informations provenant des composants et des flux, la plate-forme choisit la configuration à mettre en place. Je vais maintenant présenter l'architecture et le fonctionnement de la plate-forme Kalinahia et de celle, en cours de développement, pour le projet TCAP.

III – 4.3 Architecture de la plate-forme Kalinahia

Les états de la plate-forme correspondent à la configuration actuelle de l'application et à la QdS qu'elle offre à chacun des utilisateurs. Les changements d'états sont provoqués par les informations issues de l'application, de son contexte d'exécution et de ses utilisateurs. Une plate-forme complète est installée sur chacun des postes qui accueille des composants de l'application.

L'architecture de Kalinahia est présentée à la Figure 44. Elle est constituée :
- d'un gestionnaire de configurations qui détermine les configurations à évaluer;
- d'un gestionnaire d'évaluation qui réalise l'évaluation locale de la QdS des composants et des flux;
- d'un gestionnaire de communication qui assure la communication entre les plates-formes des différents sites;
- d'un gestionnaire d'utilisateur qui recueille les vœux de celui-ci;
- d'un gestionnaire de supervision qui gère la reconfiguration des composants locaux de l'application.

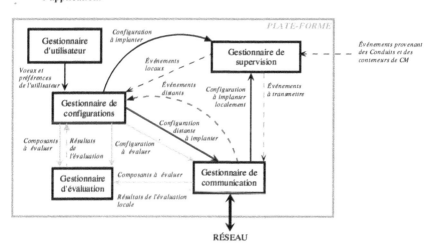

Figure 44 : Architecture de la plate-forme de gestion de la QdS

Les Conduits et les conteneurs de CM de la partie locale de l'application émettent des événements vers le gestionnaire de supervision du poste. Tous ces événements sont transmis au gestionnaire de configurations local ou, via le gestionnaire de communication, aux gestionnaires de configurations distants.

En fonction des vœux et des préférences de l'utilisateur, le gestionnaire de configurations détermine l'événement à traiter puis choisit une configuration candidate à remplacer celle en cours pour l'évaluer. Il en informe les gestionnaires d'évaluation des postes hébergeant des composants de la configuration à évaluer. Ceux-ci déterminent les caractéristiques de QdS des composants, fonctionnalités et services qu'ils hébergent. À partir de leurs réponses et de sa propre évaluation locale, le gestionnaire de configurations initiateur de l'évaluation détermine la note de QdS de la configuration à évaluer. En fonction de la note obtenue, il décide d'effectuer la reconfiguration ou de lancer une nouvelle évaluation ou encore de traiter un nouvel événement. Lorsqu'il choisit de reconfigurer l'application, il transmet la nouvelle configuration aux gestionnaires de supervision de tous les postes concernés. Chacun d'entre eux effectuera les opérations locales d'ajout, de suppression, de reconnexion, etc. nécessaires à la mise en place de cette nouvelle configuration.

III – 4.4 Architecture de la plate-forme KALIMUCHO

La plate-forme de reconfiguration reçoit les informations en provenance de l'intergiciel et des conteneurs. Celles-ci lui permettent de connaître l'état de l'application et de son contexte d'exécution. À partir de ces informations elle peut décider de reconfigurer l'application en ajoutant ou supprimant des fonctionnalités et en déplaçant des composants. Ainsi, par exemple, il est intéressant de placer un composant traitant le flux f sur un capteur qui doit servir de relais à ce flux.

La plate-forme proposée est constituée de trois entités [123] :

– L'entité *Supervision* est l'entité principale de la plateforme. Son rôle est de surveiller le fonctionnement de l'application. Pour cela elle reçoit des différents composants de l'application des informations d'état à partir desquelles elle évalue le service rendu. À l'issue de cette évaluation, elle décidera de reconfigurer ou non l'application. Elle a en charge d'envoyer aux entités *Usine à Conteneur* et *Usine à Conduit* les directives pour qu'elles créent les conteneurs et les composants de liaison adaptés à la nouvelle configuration. Pour décider de la meilleure configuration possible, l'entité *Supervision* doit savoir quels sont les composants qu'elle peut atteindre et, par conséquent, quelles sont les routes valides pour les atteindre. Elle peut obtenir ces renseignements auprès de l'entité *Routage* de l'intergiciel.

– L'entité *Usine à Conteneur* permet de construire un conteneur adapté à l'hôte sur lequel il doit être déployé. Les CM disponibles sont situés dans un entrepôt. L'*Usine à Conteneur* doit donc se connecter à l'entrepôt pour charger le CM demandé par l'entité *Supervision*. Ensuite elle choisit le conteneur adapté et le déploie avec le CM. Lorsque survient une reconfiguration, l'entité *Supervision* lui indique le CM et par conséquent le conteneur qu'elle doit supprimer.

– L'entité *Usine à Conduit* permet de construire tout type de conduit adapté à l'application. Lorsqu'une reconfiguration est requise, elle est avertie par l'entité *Supervision* de la nécessité de relier des composants métier par un conduit. Elle obtient de la part de l'entité *Supervision*, la localisation du composant source et celle du composant cible. Elle obtient également les informations de contraintes de transmission liées à l'application : synchrone, asynchrone, temps réel ou non, etc. À partir de ces informations, elle construit le conduit adapté et connecte chacune de ses extrémités aux composants à relier. Les informations de reconfiguration envoyées par l'entité *Supervision* peuvent également provoquer des changements de points de connexion. Ces changements seront effectués par la suppression du conduit jusqu'alors utilisé et la construction d'un nouveau conduit de source et/ou de cible différente.

L'architecture de cette plate-forme est présentée sur la Figure 45.

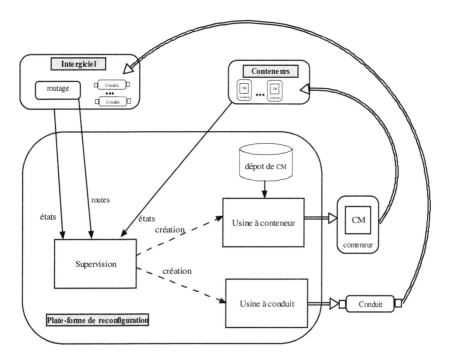

Figure 45 : Architecture générale de la plate-forme (projet KALIMUCHO)

Le déploiement dynamique de composants n'est pas possible sur certains périphériques légers (capteurs). En particulier la machine virtuelle Squawk, implanté sur les capteurs SunSpot ne permet ni chargement dynamique de classes ni sérialisation. C'est la raison pour laquelle la solution décrite ci-dessus fait appel à une mise en œuvre différente selon les hôtes. En effet, si l'*Usine à Conteneur* puise les CM dans un entrepôt pour les hôtes acceptant un déploiement dynamique, elle doit les trouver in situ sur les autres. Dans ce but nous proposons que soient installés sur un tel hôte non seulement les composants qu'il utilise mais aussi tous ceux réalisant un rôle directement connecté à ceux-ci. Ceci permet à la plate-forme de pouvoir déplacer un tel rôle sur cet hôte. Il est, en effet, plus probable qu'une reconfiguration conduise à regrouper sur un même site deux rôles proches que deux rôles éloignés. Lorsqu'elle ne trouve pas in situ le composant voulu, la plate-forme peut alors déclencher une opération lourde de rechargement complet de l'ensemble des composants nécessaires.

Par ailleurs, l'utilisation des usines à Conduit et à Conteneur permet de résoudre le problème de l'hétérogénéité en les dotant des différentes versions possibles de ces éléments selon leur support d'accueil.

La plate-forme Kalimucho est disponible sur https://kalimucho.dev.java.net/ dans plusieurs versions dépendant de l'hôte (fixe, mobile et capteur). Par ailleurs un module de test permet de déployer et reconfigurer des applications sur ces différents types de périphériques.

III – 5 Synthèse

La plate-forme Kalinahia agit directement sur les états de l'application en modifiant le comportement des composants métier et en décidant de la façon dont les services fournis aux utilisateurs sont réalisés. Pour cela, elle modifie l'architecture de l'application, ajoute, supprime, remplace ou modifie des fonctionnalités et réorganise la circulation des flux dans l'application. L'application n'est plus celle choisie par le concepteur, comme c'est d'habitude le cas, mais celle choisie par les utilisateurs. Ou, pour être plus exact, celle que le contexte permet et qui se rapproche le mieux des souhaits des utilisateurs.

Le mode d'interaction application/plate-forme est réalisé par les conteneurs de CM. Ils permettent de connaître l'état de fonctionnement des CM en termes de QdS et permettent, le cas échéant, de la modifier. L'intégration des CM dans ces conteneurs est garantie par un canevas définissant l'interface requise par les conteneurs et que le développeur de CM doit implémenter. En outre ce conteneur offre des services d'accès aux flux de données qui permettent de les faire apparaître au CM comme constitués d'objets compréhensibles.

La prise en compte du contexte d'exécution de l'application est réalisée par l'intergiciel et les composants espions. Le premier fournit des informations sur la circulation des flux de données tandis que les seconds fournissent des informations sur les utilisateurs. Mes travaux sur Kalinahia sont les premiers où la plate-forme prend en compte le contexte d'exécution. Dans mes précédents travaux il était considéré comme stable et adapté aux besoins soit parce qu'il avait été conçu dans ce but (ARMOR) soit parce qu'il n'intervenait en rien sur l'application (Adactif) soit enfin parce qu'il était adéquat par nature (Elkar).

Les activités de virtualisation de Kalinahia sont les suivantes :
– Pour le concepteur elle virtualise le déploiement de l'application car il assemble des rôles sans se soucier de leur localisation. En outre elle virtualise également la synchronisation des flux dont il se contente d'indiquer où elle doit intervenir sans que cela ne le contraigne dans les assemblages de rôles qu'il propose. Les conteneurs de CM et les Conduits se chargent totalement de la maintenir malgré les transports et les traitements subis par les flux.
– Pour l'utilisateur elle virtualise le service fourni car il le définit en choisissant et classant ses fonctionnalités mais ignore quel service il obtiendra réellement. Kalinahia crée, à partir des services potentiels, un service réel qui vient remplacer le service actuel.
– Pour le développeur de CM elle virtualise l'architecture de l'application de sorte que les CM ne se connaissent pas entre eux et se contentent de jouer le rôle pour lequel ils ont été écrits à partir des flux qui leur sont fournis. Elle crée pour eux un environnement de travail réparti.

L'intergiciel Korrontea est spécialement défini pour le transport de flux continus de données synchrones. Il met en place des politiques de transport spécifiquement définies dans ce seul but. Toutefois les principes ayant prévalu à sa réalisation permettent l'écriture d'intergiciels tout aussi spécifiques pour d'autres domaines. On peut penser par exemple au transport d'information en temps réel avec priorités acceptant ou non des pertes ou au transport sécurisé etc. Il suffit pour cela de définir les politiques adéquates comme nous sommes en train de le faire pour les applications multimédias incluant des périphériques mobiles et des capteurs sans fils.

Cette étude a montré que les solutions à base de plates-formes, d'intergiciels et de conteneurs peuvent résoudre des problèmes forts différents. Elles permettent donc d'envisager la conception d'applications utilisant des composants logiciels et matériels ainsi que des hôtes légers ou non, mobiles ou fixes sans que les contraintes qu'ils imposent n'aient à être directement intégrées dans le code.
La plate-forme virtualise les infrastructures matérielles afin qu'il ne soit plus nécessaire de les distinguer. Elle virtualise également les communications en les prenant totalement en charge. Ainsi les évolutions probables de ces dispositifs pourront être intégrées à la plate-forme afin de la rendre plus efficace sans compromettre la vision qu'elle offre de ces infrastructures. Il est prévisible que les futurs capteurs SunSpot permettent l'installation dynamique de composants et offrent des services de sérialisation sur réseau. Dans ce cas le déploiement partiellement statique qui doit être prévu actuellement pourrait disparaître et rendre plus souples les reconfigurations.
Par ailleurs, les capteurs SunSpot proposent un mécanisme de migration de composants qui pourrait être utilisé par la plate-forme. Ce mécanisme permet de suspendre un composant (mise en hibernation) puis de le transférer sur un autre capteur pour le réactiver. Ce mécanisme est très prometteur car il permet de reprendre l'activité du composant transféré là où elle en était. Il est de ce fait bien plus puissant que celui de la sérialisation qui ne permet que de récupérer un composant dans le même état. Toutefois il présente, pour l'instant, la contrainte forte que le capteur de départ et celui d'arrivée doivent être des images parfaites l'un de l'autre. Il faut que l'ensemble des composants déployés sur l'un et sur l'autre soient parfaitement identiques : en fait c'est le même fichier d'archive java (jar) qui doit être déployé sur les deux. Ceci est dû au fait que la reprise "à chaud" du composant migré se fait en supposant que les variables locales, la pile, le compteur ordinal peuvent être transférées telles qu'elles et aux mêmes adresses physiques. Il est probable que cette situation évoluera toutefois, Eric Arseneau, responsable du projet Squawk chez Sun, nous a indiqué qu'il ne s'agissait pas d'une action prioritaire.

Les plates-formes intrusives permettent une véritable supervision des applications. Elles apportent une forme de réflexivité puisqu'elles doivent avoir une connaissance précise des applications qu'elles supervisent et qu'elles peuvent les modifier. Si les plates-formes non intrusives apportent des solutions simples, elles restent limitées aux situations dans lesquelles le concepteur de l'application peut proposer des règles de gestion de l'environnement virtualisé. En revanche, les plates-formes intrusives permettent de résoudre des problèmes qu'il serait difficile, voire impossible, de traiter au niveau de l'application. Ceci est dû au fait qu'elles ont une vue globale de l'application et qu'elles peuvent donc agir en toute connaissance de cause. De plus, elles peuvent modifier les assemblages de composants et prendre en charge le déploiement. C'est particulièrement le cas lorsque l'on considère la prise en compte de la QdS et du contexte qui ne peuvent pas être traités localement et peuvent nécessiter de profondes modifications de l'application. En revanche elles constituent généralement des solutions plus lourdes à mettre en œuvre que les plates-formes non intrusives. C'est la raison pour laquelle elles se prêtent difficilement aux environnements hétérogènes incluant des périphériques légers.

Ces constatations m'ont conduit à penser qu'il serait souhaitable de pouvoir développer de telles plates-formes sous une forme très spécialisée donc plus légère et de permettre de pouvoir en cumuler plusieurs selon l'environnement virtuel que l'on souhaite créer. Ce sont ces idées que je vais exposer dans la conclusion de ce mémoire.

Conclusion et perspectives de recherche

J'ai toujours rêvé d'un ordinateur qui soit aussi facile à utiliser qu'un téléphone. Mon rêve s'est réalisé : je ne sais plus comment utiliser mon téléphone.
Bjarne Stroustrup

IV – 1 Présentation synthétique des travaux

Ici se termine la présentation de mes travaux de recherche. Je vais maintenant en faire une synthèse afin d'en dégager les points les plus significatifs.

Le Tableau 5 récapitule comment ont été, dans ces travaux, abordés les différents niveaux de virtualisation présentés au début du mémoire (voir en Figure 9 page 20).

	Canevas	Conteneurs	Services	Répartition	Hétérogénéité
Adactif	Non	Non	SGBD actif	Non	Non
Elkar	Non	De module	Règles de coopération	Transmission et adaptation par connecteurs	Celle déjà présente
Kalinahia	Oui	De CM (Osagaia)	Lecture, écriture dans un flux	Conduits avec synchronisation	MVJ
Kalimucho	Oui	Selon le type d'hôte (fixe, contraint, etc.)	Lecture, écriture dans un flux	Conduits, routage et relais	Usines à conteneurs et à Conduits

Tableau 5 : Niveaux de virtualisation dans mes travaux de recherche

La virtualisation joue un rôle très important dans les plates-formes. Elle permet de dégager les concepteurs et les développeurs d'un certain nombre de préoccupations non fonctionnelles. Toutes ces plates-formes sont spécialisées et adaptées à un domaine particulier. La définition de plates-formes généralistes conduit généralement à des systèmes très complexes et lourds pour les processeurs et les mémoires. Elles doivent offrir une importante quantité de services. Leur prise en main est souvent difficile et rebute parfois les développeurs. L'hétérogénéité est le plus souvent confiée à une machine virtuelle toutefois la migration de composants suppose que cette machine virtuelle soit la même partout ce qui n'est pas toujours possible.

Le Tableau 6 récapitule les types d'interactions utilisés.

	Interaction plate-forme/appli	Interaction appli/plate-forme	Interaction contexte/plate-forme
Adactif	Non intrusive	Services	Aucune
Elkar	Non intrusive	Conteneurs	Aucune
Kalinahia	Intrusive	Conteneurs	Intergiciel et espions
Kalimucho	Intrusive	Conteneurs	Intergiciel et capteurs

Tableau 6 : types d'interaction utilisés

Les interactions permettent à la plate-forme de gérer les aspects non fonctionnels de l'application conformément aux spécifications du concepteur et des utilisateurs et de prendre en compte le contexte. C'est un point particulièrement sensible car il est important que la plate-forme puisse connaître le plus précisément possible les états de l'application et du contexte. Pour les aspects non fonctionnels, il est impératif que cela puisse se faire de la façon la plus transparente possible. Les conteneurs offrent une solution élégante à ce problème mais il n'y est pas toujours facile de mettre en place une capture complète des états des entités qu'ils contiennent. Dans ce but, l'utilisation de canevas permet de définir avec précision l'interface entre le composant métier et la plate-forme au travers du conteneur. Ils introduisent cependant une contrainte forte qui ne permet pas de réutiliser des composants ou des modules existants. Ces constatations m'ont conduit à penser que l'approche par plate-forme semble prometteuse mais paraît encore présenter de trop nombreuses limitations.

Je vais dans un premier temps présenter comment je pense que vont évoluer les divers concepts utilisés dans ce mémoire. Ensuite je présenterai mon projet de recherche dans le domaine des plates-formes d'exécution et de la virtualisation.

IV – 2 Évolution probable du domaine

Le nombre de réponses à la complexité des applications par des couches logicielles de virtualisation augmente sans cesse. Généralement les plates-formes proposées sont conçues pour couvrir le plus possible de préoccupations non fonctionnelles ce qui les rend de plus en plus complexes elles mêmes. L'adaptation des applications s'exécutant sur de telles plates-formes est rendue difficile par l'existence d'états cachés [9]. Par ailleurs, le succès de la plate-forme à services OSGi et de sa version pour périphériques légers (Concierge [128]) montre bien qu'il existe un besoin de plates-formes légères.

Les systèmes d'exploitation ont peu à peu intégré des couches logicielles initialement distinctes comme les interfaces graphiques, le réseau, la sécurité, etc. Il est fort probable qu'à l'avenir ils intègrent les mécanismes de base des intergiciels (appel de procédure distante, enregistrement de services, points de synchronisation, etc.). De même un certain nombre de services actuellement offerts par les intergiciels (sécurité, transactions, etc.) pourront l'être par les APIs de ces systèmes d'exploitation. De plus le modèle OSI permet aisément de changer les protocoles de réseau. Le protocole le plus utilisé actuellement conduit à un mode de fonctionnement en client/serveur parce que la désignation des interlocuteurs qu'il propose est construite sur une désignation par adresse (IP) et par numéro de port (TCP). Les réseaux industriels utilisent, quant à eux, un mode de désignation par contenu [130]. La trame contient une information désignant son contenu qui permet sa réception par tous les sites intéressés par ce contenu indépendamment de leur localisation. Bien entendu ces réseaux fonctionnent en diffusion totale (*broadcast*) et sont généralement des bus ou des anneaux. Ce mode de fonctionnement n'est pas acceptable sur les réseaux classiques toutefois la constitution de réseaux virtuels (*VPN : Virtual Private Network*) peut permettre la diffusion partielle. Pour l'instant les systèmes d'exploitation n'offrent pas de mécanisme de constitution de tels réseaux car ils supposent la reconfiguration des routeurs et des commutateurs, mais à l'avenir ils pourraient intégrer de tels mécanismes. Il serait alors concevable d'utiliser des mécanismes de communication par contenu en constituant des réseaux virtuels regroupant les éléments appartenan à un même service ou à toute autre groupe ayant un sens vis-à-vis de l'application et en pouvant dynamiquement les modifier lors de reconfigurations de l'application.

De la même manière les canevas utilisés pour développer les composants d'applications sont destinés à devenir des standards offerts par les bibliothèques des langages. Les langages à objets permettent ensuite de choisir le canevas adéquat, d'en dériver une classe puis d'en surcharger tout ou partie des méthodes. Ce type de développement est généralement proposé par des ateliers comme NetBeans, Eclipse, etc. par le biais de multiples extensions.

Enfin l'utilisation de machines virtuelles paraît devoir se généraliser essentiellement pour des raisons d'hétérogénéité mais aussi par la sécurité qu'elles apportent en isolant les applications entre elles. La puissance des processeurs permet désormais d'empiler des machines virtuelles sans que les temps d'exécution ne soient rédhibitoires. Par ailleurs l'évolution des processeurs va se poursuivre dans le sens des multi cœurs. D'ores et déjà le processeur Niagara de Sun contient 8 cœurs chacun utilisant le *multithreading* pour 4 processus. Les évolutions probables de leurs architectures concerneront l'adaptation des antémémoires à l'utilisation des MV. Pour l'instant les algorithmes de remplacement utilisés (LRU[14] ou LFU[15]) se basent sur les défauts d'accès constatés mais ne tiennent pas compte des processus et de leur comportement. Dans [129] les auteurs proposent de mettre en place une hiérarchie de virtualisation des antémémoires permettant que les blocs soient constitués et attribués aux MV et que les antémémoires de dernier niveau (L2 ou L3) soient utilisées pour les échanges d'informations entre MV.

Toutes ces remarques incitent à penser que l'avenir des plates-formes et des intergiciels passe par une plus grande spécialisation. Les intergiciels pourront s'appuyer sur les mécanismes offerts par les systèmes d'exploitation. Ils seront alors développés pour proposer des services non fonctionnels, beaucoup plus ciblés suivant les domaines d'application, que les SE, trop généralistes, ne proposeront pas. De la même façon les plates-formes s'orienteront vers des modes de gestion des applications plus spécialisés beaucoup plus guidées par la sémantique associée aux composants et aux informations qui circulent. Enfin les concepteurs d'application créeront leurs canevas par dérivation de ceux trouvés dans les bibliothèques. La conception d'une application passera par la définition de l'architecture dynamique de l'application, des services métier pris en compte par l'intergiciel, des canevas ad hoc et enfin aboutira au développement des composants et à l'intégration de *COTS Products* lorsque c'est possible. L'exécution de l'application se fera alors sur une plate-forme spécifique proposant par

---

[14] LRU (Least Recently Used) consiste à remplacer le bloc le moins récemment utilisé en supposant qu'il s'agit sans doute d'un bloc qui ne sera plus accédé.
[15] LFU (Least Frequently Used) consiste à remplacer le bloc le moins fréquemment utilisé en considérant que c'est celui qui créera le moins de défauts de présence.

exemple des mécanismes de découverte de CM comme actuellement elles proposent ceux de découverte de services.

Les conséquences prévisibles d'une telle évolution sont que les SE tels que nous les connaissons seront cachés par des couches de virtualisation faisant abstraction de la répartition. Il ne sera plus possible de savoir si l'appel d'une API du SE est local ou distant comme c'est actuellement le cas pour savoir si un disque est réel ou virtuel, local ou distant. Les processeurs eux-mêmes seront virtualisés par des MV capables d'utiliser au mieux leurs performances. Le développement d'applications fera grandement appel à des composants correspondant à des canevas précis et seront encapsulés dans des conteneurs.

Les défis soulevés par ces perspectives concernent les plates-formes elles mêmes et la dynamique des applications qu'elles devront mettre en œuvre. Les périphériques légers imposent l'utilisation de plates-formes légères et interchangeables. Ceci peut être rendu possible par l'hyper spécialisation de ces plates-formes : elles ne gèrent que très peu de préoccupations non fonctionnelles et peuvent le faire à moindre coût et efficacement. Toutefois ceci suppose que de telles plates-formes puissent être agrégées de façon à traiter l'ensemble des préoccupations non fonctionnelles nécessaires. Deux solution s'offrent alors : celle des plates-formes extensibles et celle des plate-forme empilables. La première solution permet d'ajouter des états et des changements d'état à la plate-forme mais pas de modifier ceux qui existent. La seconde, en revanche, peut atteindre ce but à condition que les plates-formes soient virtualisables. Je reviendrai sur ce point plus loin.
L'adaptation des applications passe par des mécanismes d'ajout, de suppression, de remplacement et de migration. Ces mécanismes peuvent être exercés sur les composants de l'application mais aussi sur les plates-formes qui les supportent. Le problème de la migration de composants reste entier. En effet, s'il est possible de transférer l'état d'un composant d'un point à un autre par sérialisation, cela ne permet pas sa migration réelle. Un composant est caractérisé par son état et par son activité au travers de ses méthodes. L'état du composant ne suffit pas à reconstituer l'état de la machine qui l'accueille. L'isomorphisme des états n'est pas conservé ce qui fait qu'il n'est pas possible de transférer un composant en train d'exécuter une méthode de telle sorte qu'il puisse continuer cette exécution sur son lieu d'arrivée.

IV – 3 Voies de recherche

La première voie de recherche me paraît être celle des plates-formes légères. Des travaux ont déjà démarré dans ce sens avec le projet TCAP. Elles répondent à un besoin immédiat, c'est pourquoi une collaboration a été établie avec une société éditrice de logiciels (*Dev 1.0*) qui voit dans l'utilisation de ces plates-formes un produit commercialisable. Ainsi les contacts que nous avons eus avec une société de transport collectif montrent que les nouvelles législations dans ce domaine imposent que des capteurs soient mis en œuvre en particulier pour des problèmes de sécurité.
Cependant une réponse au coup par coup n'est pas envisageable à plus long terme. Il convient de s'orienter vers des solutions plus générales permettant d'intégrer ces plates-formes dans la dynamique de reconfiguration des applications.

La deuxième voie concerne la possibilité de cumuler des plates-formes légères pour obtenir le fonctionnement désiré selon le périphérique (léger ou non) et le moment. Le principe que je retiens dans ce but est celui de la virtualisation possible de ces plates-formes afin que l'on puisse en agréger plusieurs, en ajouter et en enlever sans difficulté. L'étude des machines virtuelles et en particulier celle des règles à observer pour qu'une machine soit virtualisable proposées par Popek et Goldberg [37] permettent d'envisager une approche de ce problème. Ces règles insistent sur la nécessité de pouvoir établir un isomorphisme entre l'état de l'application et celui de l'hôte qui l'accueille. Dans le cas qui m'intéresse l'hôte est la plate-forme elle-même. Ils démontrent que pour que cet isomorphisme puisse être maintenu il faut faire en sorte que tout changement d'état de l'hôte ayant une incidence sur l'application puisse être intercepté par la couche de virtualisation. Dans le cas particulier des processeurs cela revient à dire que les instructions sensibles doivent pouvoir être interceptées.

Dans le cas présent les questions qui se posent sont les suivantes :
- Quels sont les changements d'état sensibles ?
- Comment peut-on les intercepter ?
- Que faire lors de cette interception ?

De plus, dans le cas des machines virtuelles, l'ordre d'empilement des couches est précis même si le nombre de couches peut être quelconque. On peut aboutir à des échafaudages complexes mais les différentes couches sont bien distinctes. Dans le cas de plates-formes empilables le problème est que l'on devrait pouvoir les empiler dans un ordre quelconque (voir Figure 46). Bien entendu il serait envisageable de définir des plates-formes organisées comme les couches OSI des réseaux c'est-à-dire acceptant que certaines couches n'existent pas mais toujours placées dans un ordre prédéfini. Toutefois cette solution rendra difficile l'adaptation dynamique puisqu'il faudrait pouvoir dynamiquement insérer des couches entre d'autres.

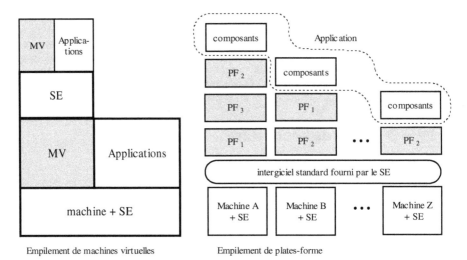

Empilement de machines virtuelles   Empilement de plates-forme

Figure 46 : Mode d'empilement des MV et des plates-formes

L'une des approches que je compte aborder dans ce sens dans mes travaux futurs est la mise en place de changements d'états interceptables dans les plates-formes. Le mécanisme d'événements avec veto proposé par java pour les *java beans* semble pouvoir se prêter à la mise en place d'un tel fonctionnement. Le principe en est simple : un objet émet un

90

événement, tous les objets qui se sont au préalable inscrits le reçoivent et certains peuvent y opposer un veto qui se traduit par une exception sur l'émetteur. On peut de la sorte imaginer que, lors de changements d'état critiques, la plate-forme émette un événement auquel sont abonnées toutes la autres plates- formes de la pile et celles-ci puissent utiliser cet événement pour maintenir à jour leur propre état mais aussi pour y opposer, le cas échéant, un veto. Ainsi sur l'exemple de la Figure 46 la plate-forme PF_1 de gestion de la QdS est implantée sur les machines A et B mais pas sur la machine Z. Si cette plate-forme choisissait à un moment donné une reconfiguration de l'application consistant à remplacer un composant C_1 par un composant C_2, elle pourrait se voir opposer un veto par la plate-forme PF_3 de gestion de la sécurité parce que C_2 ne remplit pas les critères de sécurité exigés tandis que C_1 les respectait. Avec ce système, sur cet exemple, le remplacement de C_1 par C_2 pourrait se produire sur la machine B qui n'accueille pas de PF_3 mais pas sur la machine A qui en accueille une.

Ce mécanisme semble prometteur : il conduirait, lors de chaque changement d'état d'une plate-forme, à un fonctionnement du type présenté à la Figure 47 (écrit dans le style de java).

```
boolean synchronized changementDEtat(Etat actuel, Etat proposé) {
    try {
        envoyer un signal avec veto indiquant le changement d'état (actuel → proposé)
        changer d'état
        envoyer un signal indiquant que le changement a eu lieu
        }
    catch (Exception veto) {
        envoyer un signal indiquant que le changement n'a pas eu lieu
        }
    }
```

Figure 47 : Mécanisme d'interception des changements d'états des plates-formes

Un certain nombre de questions sont soulevées par cette proposition :
- Que faire en cas de veto multiples ?
- Les plates-formes des différents sites s'exécutant en parallèle, comment gérer la réception d'événements de changement d'état simultanés ?
- Le veto ne doit-il provoquer qu'un abandon du changement d'état comme proposé sur la Figure 47 ou une autre action doit-elle être mise en œuvre ?
- Ce mécanisme ne doit-il pas s'accompagner d'une synchronisation de type sémaphores entre les plates-formes du même site et celles des autres sites pour éviter les interblocages ?

Tenter de répondre à toutes ces questions constitue l'une des pistes de recherche que je compte explorer maintenant. L'utilisation, après modification, des prototypes déjà disponibles (Kalinahia, KALIMUCHO) devrait permettre de tester les solutions proposées et d'en mesurer la viabilité.

Un tel mécanisme présente des similitudes avec ceux des transactions dans les bases de données où il est possible d'annuler l'effet de modifications. Mes travaux sur la plate-forme Adactif ont montré qu'il était impératif qu'elle intègre la notion de transaction dans son fonctionnement même. Il n'est pas impossible que certains des principes utilisés dans Adactif puissent s'appliquer dans ce cas. Les changements d'état des autres plates-formes provoqués par un changement d'état de l'une d'entre elles pourraient être groupés dans une transaction qui serait annulée en cas de veto, ramenant ainsi l'ensemble des plates-formes dans un état antérieur. Il resterait alors à définir la granularité de ces transactions pour assurer la cohérence

91

des états des plates-formes. Un intergiciel spécifique peut offrir des services de transactions. Il peut également proposer des services de synchronisation comparables à ceux que propose la couche session du modèle OSI pour les applications réparties. Ceci constitue, à mon sens, une autre piste à suivre.

La troisième voie est celle de la migration. Pouvoir migrer des composant voire même des plates-formes d'un lieu à un autre pendant leur fonctionnement semble indispensable à la dynamique d'adaptation. Deux approches de solution sont envisageables :
- migration directe du composant ou de la plate-forme;
- migration d'une machine virtuelle accueillant ce composant ou cette plate-forme.

La première proposition semble plus séduisante car moins lourde à mettre en œuvre surtout pour les périphériques légers. En effet est-il acceptable de proposer, sur un capteur, que chaque composant ait sa propre MV et qu'elle migre avec lui ?
Faire migrer un composant en cours de fonctionnement suppose de savoir conserver un état complet de ce composant incluant celui de son exécution. Le défi est de pouvoir reconstituer sur son site d'arrivée l'état de la MV qui le supportait sur celle qui va l'accueillir. Nous rencontrons encore une fois le problème d'états isomorphes et de fonction d'application permettant de passer de l'un à l'autre. Généralement ce problème est résolu par la création d'images en mémoire correspondantes. C'est ainsi que procède Squawk avec toutes les restrictions que cela impose (voir III - 5). Dans le cas de la MVJ, l'introspection semble être une piste possible pour capturer ces informations pour peu qu'elle puisse être appliquée aux classes de la MVJ ou du moins à certaines d'entre elles. En revanche le problème d'appliquer l'état complet ainsi récupéré à la MVJ d'accueil suppose sans doute de devoir envisager d'intervenir directement sur la MJV. Les codes sources de Squawk sont accessibles depuis peu, il serait intéressant de voir si on ne peut y introduire de tels mécanismes.

La seconde proposition semble plus facile à mettre en pratique. En effet la MV contient par nature la totalité des états de fonctionnement des composants qu'elle héberge ainsi sa migration sous entend celle de ces états et le composant doit pouvoir se poursuivre. Elle soulève toutefois un problème différent mais tout aussi complexe. Le rôle d'une MV est de conserver un isomorphisme d'états entre la couche sous-jacente et l'application. Comment conserver cet isomorphisme lorsque la MV migre sur une autre couche sous-jacente ? La réponse passe peut-être par la réflexivité des applications, il faut pouvoir disposer en permanence d'une image fidèle de l'application qui pourrait être utilisée pour ré-appliquer cet isomorphisme.

Quelle que soit la solution retenue la migration soulève le problème de l'environnement des composants au-delà de leur propre état et de celui de la MV qui les accueille. Par exemple un composant utilisant un fichier local qui migre avec ou sans sa MV sur un autre site pourra-t-il continuer à utiliser son fichier ? Il faut pour cela que l'intergiciel remplace les accès qu'il y fait par des accès faits au travers du réseau. Ce point présente des similitudes avec les techniques utilisées pour la mise en coopération d'application dans Elkar et des mécanismes similaires pourraient y être appliqués.

IV – 4 Bilan

Mes recherches m'ont conduit à aborder des domaines très variés comme les machines parallèles, la réingénierie d'applications, les bases de données actives, le multimédia et les capteurs mobiles. J'en ai tiré la conclusion que, dès lors qu'il s'agit d'apporter une aide au développement et à l'exécution des applications, les solutions proposées doivent combler le fossé qui sépare les moyens disponibles (machines, réseaux, systèmes d'exploitation, langages, etc.) de ceux que l'on souhaiterait avoir.

L'ordinateur possède cette particularité unique d'être une machine universelle au sens de Church-Turing. Sa qualité de machine traitant de l'information lui confère des propriétés de virtualisation. L'information est elle-même virtuelle parce qu'elle n'a pas d'existence actuelle mais seulement une existence possible. Dans [29] Pierre Levy exprime ceci par : "*Pourquoi la consommation d'une information n'est-elle pas destructive et sa détention n'est-elle pas exclusive ? Parce que l'information est virtuelle*". On peut d'ailleurs constater que cette particularité de l'information pose bien des problèmes aux juristes qui tentent d'en définir les règles de propriété. L'article 2279 du droit civil affirme "*qu'en faits de meubles possession vaut titre*" mais le meuble a cette particularité que sa possession est exclusive et implique la dépossession de son ancien propriétaire aussi une règle aussi simple que celle-ci permet-elle d'en déterminer la propriétaire sans ambiguïté.

Au cours de ma longue carrière d'enseignant j'ai eu la chance d'enseigner des matières aussi diverses que l'architecture des machines, la programmation en assembleur, en langages procéduraux et à objets, les réseaux ou l'informatique industrielle. J'ai pu constater que les problèmes rencontrés par les étudiants dans tous ces domaines viennent le plus souvent de la difficulté de savoir se situer dans les niveaux de virtualisation : Qu'est-ce qui est fait par ailleurs et dont je n'ai pas à me soucier ? Qu'est-ce qui relève réellement de ma part du travail ? L'introduction des langages à objets et de leurs bibliothèques, des intergiciels et des plates-formes de développement et d'exécution tend à accentuer cette difficulté. Le modèle en couches des réseaux est, de ce point de vue, un outil pédagogique intéressant. Savoir situer à quelle couche se situe un problème c'est presque l'avoir résolu : je n'accède pas à mon disque en réseau, puis-je faire un *ping* sur le serveur de disques ? Sur une autre machine ? Sur ma propre machine ? Selon les réponses à ces questions on pourra déterminer de quelles couches peut venir le problème ou au moins desquelles il ne vient certainement pas. Dès lors quelques autres tests de ce type permettront de cerner et de résoudre la difficulté. Cette méthode est bien moins applicable dans les autres domaines parce que les couches sont plus intriquées et leur isolation parfois impossible. Je crains qu'il n'en soit rapidement de même pour les réseaux lorsqu'ils seront cachés par des intergiciels inclus dans les systèmes d'exploitation.

Produire une application informatique c'est vouloir faire faire à un ou plusieurs ordinateurs quelque chose de précis. Ils peuvent devenir tour à tour objets de simulation scientifique, de jeu, de rédaction de mémoires, etc. Ils peuvent également émuler une autre machine ou simuler un dispositif. Mais leur qualité essentielle est celle de pouvoir donner naissance à une réalité nouvelle. Les plates-formes d'exécution constituent la couche intermédiaire entre l'actuel (les moyens dont on dispose) et le virtuel (les moyens dont on veut disposer). Leur rôle est de rendre réels ces moyens virtuels. C'est la raison pour laquelle elles prennent une place grandissante dans les développements d'applications.

Bien entendu ce champ d'investigation est trop vaste pour prétendre l'explorer dans sa totalité. Je souhaite seulement tenter d'étudier comment les plates-formes pourraient supporter d'être elles mêmes cachées par une nouvelle couche de virtualisation permettant ainsi de ne pas les limiter à une existence "actuelle" figée.

Bibliographie

[1] Kundle Olukotun, Lance Hammond : *"The Future of Microprocessors"* - Multiprocessors vol 3. n°7, September 2005.

[2] Chris F Kemerer : *"An empirical validation of software cost estimation models"*, Communications of the ACM Volume 30 , Issue 5 (May 1987) pp 416 – 429, 1987 - ISSN:0001-0782

[3] J. Rosenberg, *"Some Misconceptions About Lines of Code metrics"*, p. 137, Fourth International Software Metrics Symposium (METRICS'97), 1997.

[4] Chris F. Kemerer, *"Reliability of Function Points Measurement. A Field Experiment"* Communications of the ACM, Vol.36, No.2, pp. 85-97, February 1993.

[5] Shyam R. Chidamber and Chris F. Kemerer. *"A metrics suite for object oriented design"*. IEEE Transactions on Software Engineering, 20(6):476–493, June 1994

[6] D.W. Wall : *"Limits of instruction-level parallelism"* - WRL Research report 93/6, Digital Western Research Laboratory, Palo Alto -1993.

[7] Herb Sutter : *"The Concurrency Revolution"* - C/C++ Users Journal, 23(2), February 2005.

[8] Grady Booch, Robert A. Maksimchuk, Michael W. Engel, Bobbi J. Young, Jim Conallen, Kelli A. Houston : *"Software complexity : how do we bring order to chaos"* Object-Oriented Analysis and Design with Applications, 3rd Edition, Apr 30, 2007, Addison Wesley Professional. Part of the The Addison-Wesley Object Technology Series.

[9] Frederick P. Brooks : "No Silver Bullet - Essence and Accidents of Software Engineering", Computer Magazine; April 1987

[10] Ankur Agarwal, A. S. Pandya, YoungUgh Lho : *"Software Complexity and Management for Real-Time-Systems"*, International Journal of KIMICS, Vol. 4, No. 1, pp. 23-27, March 2006

[11] A. J. Albrecht: *"Function point analysis"*, Encyclopedia of Software Engineering, 1. John Wiley & Sons (1994).

[12] D. Dill and J. Rushby, *"Acceptance of Formal Methods: Lessons from Hardware Design"* ,Computer, vol. 29, pp. 23-24, 1996.

[13] C. Heitmeyer, *"On the Need for Practical Formal Methods"*, Proc Fifth Int'l Symp. Formal Techniques in Real-Time and Fault-Tolerant Systems, 1998.

[14] P. Cousot and R. Cousot, *"Verification of Embedded Software: Problems and Perspectives"*, Proc. Int'l Workshop Embedded Software (EMSOFT 2001), 2001.

[15] *"Software Fundamentals"* : Collected Papers by David L. Parnas. D.M. Hoffman and D.M. Weiss, eds., Addison-Wesley, 2001.

[16] *"How Many Lines of Code in Windows?"*, Knowing.NET, December 06, 2005, <http://www.knowing.net/PermaLink,guid,c4bdc793-bbcf-4fff-8167-3eb1f4f4ef99.aspx>.

[17] González-Barahona, Jesús M., Miguel A. Ortuño Pérez, Pedro de las Heras Quirós, José Centeno González, Vicente Matellán Olivera. *"Counting potatoes: the size of Debian 2.2"*, debian.org.

[18] Jobs, Steve : *"86 million lines of source code that was ported to run on an entirely new architecture with zero hiccups."* Live from WWDC August 2006 : Steve Jobs Keynote. Voir aussi : http://www.oreilly.com/pub/a/mac/2006/08/15/wwdc.html

[19] David A. Wheeler *"More Than a Gigabuck: Estimating GNU/Linux's Size"*, 2002, http://www.dwheeler.com/sloc/redhat71-v1/redhat71sloc.html

[20] Chaim Fershtman, Neil Gandal : *"The Determinants of Output per Contributor in Open Source Projects: An Empirical Examination"*, Social Science Research Network 2004, http://www.ssrn.com.

[21] McCabe, T., *"A Complexity Measure"* IEEE Transactions on Software Engineering, December 1976.

[22] McCabe T. and C. Butler, *"Design Complexity Measurement and Testing"* Communications of the ACM, December 1989.

[23] W. W. Royce, *"Managing the development of large software systems: concepts and techniques"*, Proceedings of the 9th international conference on Software Engineering 1987, pp: 328 - 338 ISBN:0-89791-216-0

[24] Robert Cecil Martin : *" Agile Software Development: Principles, Patterns, and Practices"* Pearson Education. 2002. ISBN 0-13-597444-5

[25] Stephan Staiger : *"Static Analysis of Programs with Graphical User Interface"* In: Proceedings of the 11th Conference on Software Maintenance and Reengineering (CSMR), Amsterdam, 2007, S. 252 – 261

[26] Frank E. Gillett, Galen Schreck : *"Server Virtualization Usage"* October 11, 2007. http://www.forrester.com

[27] Krakowiak, Sacha. *"What's middleware?"* http://middleware.objectweb.org

[28] Nick Mitchell, Gary Sevitsky, Harini Srinivasan : *"The Diary of a Datum: An Approach to Modeling Runtime Complexity in Framework-Based Applications"* In Proceedings of the First International Workshop of Library-Centric Software Design (LCSD '05). An OOPSLA '05 workshop, Oct. 2005.

[29] Pierre Levy : "*Qu'est-ce que le virtuel?*" Éditions la Découverte, 1998 (Sciences et société). ISBN 2-7071-2515-6. 87 F

[30] G. E. Moore : "*Cramming more components onto integrated circuits*" , Electronics, Volume 38, Number 8, pp 114-117, April 19, 1965.

[31] Herb Sutter : "*The Free Lunch Is Over*", Dr. Dobb's Journal, 30(3), March 2005. http://www.gotw.ca/publications/concurrency-ddj.htm

[32] Grace Hopper : "*Preliminary Definitions, Data Processing Compiler*". 1955 January 31 (Informal working paper with text description and flow charts and a sample).

[33] J.E. Sammet : "*The Early History of Cobol*", ACM SIGPLAN Notices, Volume 13 , Issue 8 (août 1978) Numéro spécial : History of programming languages conference, pp.121-161, 1978.

[34] Ole-Johan Dahl and Kristen Nygaard : "*Simula: an ALGOL-based simulation language*" Communications of the ACM 9 (1966), pages 671-682.

[35] J.E. Smith, R. Nair : "*The architecture of virtual machines*", IEEE Computer revue vol. 38, n°5, May 2005, pp : 32-38.

[36] IBM Corporation, "*IBM virtual machine facility/370 : Planning guide*", Publication n° GC20-1801-0, 1972.

[37] G. J. Popek, R. P. Goldberg : "*Formal requirements for virtualizable third generation architectures*", ACM vol 17 n°7, pp 412-421, 1974.

[38] R. Rose : "*Survey of system virtualisation techniques*", ACM/USENIX, Proccedings of the 2nd international conference on virtual execution environments, pp : 35-44. Ottawa Canada 2006. ISBN : 1-59593-332-6.

[39] S. Nanda, T. Chiuer : "*A survey on virtualization technologies*", Rapport de recherche, Stony book, ECSL-TR-179, Feb 2005.

[40] P. Barham, B. Dragovic, K. Fraser, S. Hand, T. Harris, A. Ho, R. Neugebauer, I. Pratt, A. Warfield : "*Xen and the art of virtualisation*", Proceedings of the 9th ACM Symposium on operating systems priciples, 2003.

[41] S. Krakowiak : "*Introduction à l'intergiciel*", Intergiciel et construction d'application réparties (ICAR), pp : 1-21, 19 Janv 2007, Licence Creative Commons (http://creativecommons.org/licences/by-nc-nd/2.0/fr/deed.fr ou http://sardes.inrialpes.fr/livre/pub/main.pdf)

[42] A. Birrell and B. J. Nelson : "*Implementing remote procedure calls*". ACM Transactions on Computer Systems, 2(1) pp : 39-59, February 1984.

[43] Object Management Group : "*The Common Object Request Broker Architecture and Specification*", rev 3.1 Technical document formal/2008-01, Jan 2008.

[44] D. Box, D. Ehnebuske, G. Kakivaya, A. Layman, N. Mendelsohn, H. Nielsen, S. Thatte, D. Winer :"*Simple Object Access Protocol (SOAP) 1.1*" , W3C, 2000. (http://www.w3.org/TR/2000/NOTE-SOAP-20000508/).

[45] Java 2 Entreprise Edition : http://java.sun.com/products/j2ee

[46] .NET Microsoft Corp. http://www.microsoft.com/net

[47] The OSGi Alliance : "*OSGi Service Platform Release 3*", IOS Press 2003, ISBN : 1586033115

[48] Zhonghua Yang, K. Duddy : "*CORBA : A platform for distributed object computing : (A state-of-the-art report on OMG/CORBA)*", Association for Computing Machinery, Operating systems review 1996, vol. 30, n°2, pp. 4-31, ISSN 0163-5980

[49] TinyOS Mission Statement. UC Berkeley, 2004. (http://www.tinyos.net/tinyos-2.x/doc/)

[50] J. Keogh : "*J2ME: The Complete Reference*". McGraw-Hill Osborne Media, (27 Feb 2003). ISBN : 978-0072227109.

[51] Doug Simon, Cristina Cifuentes : "*The Squawk Virtual Machine: Java(TM) on the Bare Metal*" Extended abstract, OOPSLA, San Diego, October 2005. Voir aussi : (http://research.sun.com/projects/squawk/).

[52] Robert L. Glass : "*Sorting out software complexity*", Communications of the ACM Volume 45 , Issue 11 (November 2002) pp: 19 - 21 ISSN:0001-0782

[53] D. Dours : "*Conception d'un système multiprocesseur traitant un flot continu de données en temps réel pour la réalisation d'une interface vocale intelligente*", Thèse d'état n°1238, Université Paul Sabatier, 20 février 1986.

[54] R. Facca : "*Architecture parallèle adaptée au traitement d'un flot continu de données en temps réel*", Thèse d'état n°1239, Université Paul Sabatier, 20 février 1986.

[55] M. Dalmau : "*Système d'exploitation pour la machine multiprocesseurs ARMOR*", thèse de doctorat n°3023, Université Paul Sabatier, 12 juillet 1984.

[56] J.L Basille, M. Dalmau, D. Dours, R. Facca, J.Y Latil : "*Etudes d'architectures parallèles adaptées au traitement d'images et au traitement de la parole*" pp 519-541 dans "Parallélisme, communication et synchronisation" édité par JP. Verjus, G. Roucairol . - Paris : Éditions du CNRS, 1985. ISBN 978-2-222-03672-0

[57] C. Tawbi, G. Jaber, M. Dalmau – "*Rule specification into an active relational DBMS*". 6th International DEXA Conference and Workshop on Databases and Expert Systems Applications. Londres, 4-8 Septembre 1995.

[58] C. Tawbi, G. Jaber, M. Dalmau – "*Activity specification using RendezVous*". RIDS'95, Athènes, Septembre 1995.

[59] C. Tawbi. : "*ADACTIF : Extension d'un SGBD à l'Activité par une Approche Procédurale Basée sur les Rendez-vous*". Thèse de l'Université Paul Sabatier - TOULOUSE III Décembre 1996.

[60] P. Aniorté, P. Roose, M. Dalmau : *"Using active Database Mechanisms to Build Cooperative Work"* - Journal of Integrated Design & Process Science (JIDPS) - Vol. 3, N°1, pp1-14 - ISSN : 1092-0617 - March 1999. (http://www.sdpsnet.org/onlinejurnal.html)

[61] M. Dalmau, P. Aniorté, P. Roose : *"A method for designing cooperative distributed applications".- COOP 2000* - 4th Int'l conf. on the Design of Cooperative Systems - "Designing Cooperative Systems - The Use of Theories and Models" - IOS Press ISBN 1-58603-042-6 - pp. 369-383 - Nice/Sophia Antipolis (France) - May 2000. (http://www-sop.inria.fr/acacia/Coop/Coop2000/)

[62] Philippe Roose, Marc Dalmau, Franck Luthon : *"A distributed Architecture for Cooperative and Adaptative Multimedia Applications"* - 26th Annual International Computer Software and Application Conference (COMPSAC 2002) - IEEE Computer Society Press - 26-29 August 2002 - Oxford - England - ISBN : 0-7695-1727-7, ISSN : 0730-3157 - pp. 444-449

[63] Roose Philippe : *"ELKAR - Ré-Ingénierie d'applications pour la mise en oeuvre de la coopération : Méthodologie et Architecture"*. Thèse de l'Université de Pau et des Pays de l'Adour - 14 décembre 2000.

[64] M. Ramage : *"Forms and processes of information systems evolution"*. Proceedings of the 11th conference of the UK academy of information systems, University of Gloucestershire, 9-11 April 2006. ISBN 1 86174 176 6.

[65] S. Ceri, J. Widom : *"Deriving Production Rules for Constraints Maintenance"*. Proceedings of the 16th International Conference on Very Large Data Bases, Australia 1990, pp 566-577.

[66] S. Ceri, J. Widom : *"Deriving Production Rules for Incremental View Maintenance"*. Proceedings of the 17th International Conference on Very Large Data Bases, Barcelona, September 1990, pp 577-589.

[67] O. Diaz, A. Jaime, N.W. Paton, G. Al-Qaimari : *"Supporting Dynamic Displays Using Active Rules"*. SIGMOD RECORD, vol 23, no 1, March 1994, pp 21-26.

[68] C. Beeri, T. Milo : *"A Model for Active Object Oriented Database"*. Proceedings of the 17th International Conference on Very Large Data Bases, Barcelona, September 1991, pp 337-349.

[69] H. Branding, A. Buchmann, T. Kurdass, J. Zimmermann : *"Rules in an Open Systems: The REACH Rule System"*. Proceedings of Rules in Database Systems, Springer-Verlag, Edinburgh 1993, pp 111-126.

[70] S. Chakravarthy, E. Anwar. L. Maugis : *"Design and Implementation of Active Capability for an Object-Oriented Database"*. Technical Report, University of Florida, UF-CIS-TR-93-001, January 1993.

[71] O. Diaz, A. Jaime : *"EXACT: an EXtensible approach to ACTive object-oriented databases"*. Technical Report, University of San Sebastian, May 1992.

[72] S. Gatziu, K.R. Dittrich : *"SAMOS : an Active Object-Oriented Database System"*. IEEE Quartely Bulletin on Data Engineering, January 1993.

[73] N.H. Gehani, H.V. Jagadish : *"Ode as an Active Database: Constraints and Triggers"*. Proceedings of the 17th International Conference on Very Large Data Bases, Barcelona, September 1991, pp 327-336.

[74] E.N. Hanson : *"The Design and Implementation of the Ariel Active Database Rule System"*. Technical Report, University of Florida, UF-CIS-018-92, September 1991.

[75] P.S. Kenneth : *"Managing Rules in Active Databases"*. Thesis in University of Illinois at Urbana-Champaign, 1992.

[76] W. Naqki, M.T. Ibrahim : *"Rule and Knowledge Management in an Active Database System"*. Proceedings of Rules in Database Systems, Springer-Verlag, Edinburgh 1993, pp 58-66.

[77] U. Schreir, H. Pirahesh, R. Agrawal, C. Mohan : *"Alert : An Architecture for Transforming a Passive DBMS into an Active DBMS"*. Proceedings of the 17th International Conference on Very Large Data Bases. Barcelona, september 1991, pp 469-478.

[78] M. Stonebraker, A. Jhingran, J. Goh, S. Potamianos : *"On Rules, Procedures, Caching and Views in Data Base Systems"*. Proceedings of SIGMOD. Atlantic City, June 1990, pp 281-290.

[79] J. Widom : *"The Starburst Active Database Rule System"*. Technical Report, IBM Almaden Research Center, San Jose, USA.

[80] Sybase User Manual, Rel 4.0, 1989

[81] K. Owns, S. Adams : *"Oracle7 Triggers : The Challenge of Mutating Tables"*. Database programming & design. Octobre1994.

[82] American National standards Institute : *"Database language SQL"*, 1992

[83] N. Paton : *"Active Rules in Database Systems"* , Monographs in computer systems, Springer, 1998. ISBN : 0387985298

[84] U. Dayal : *"Active Database Management Systems"* - Proceedings of 3rd International Conference on Data and Knowledge Bases, Jerusalem, June 1988.

[85] J. Widom, S. Finkelstein : *"Set-Oriented Production Rules in Relational Database Systems"*. SIGMOD RECORD, 1990, vol 19, n° 2, pp 259-270.

[86] Department of Defence, Ada Joint Program Office : *"Reference Manual for the Ada Programming Language"*, ANSI/MIL-STD-1815A. Washington, D.C.: Government Printing Office, January 1983.

[87] P. Roose, P. Aniorté, M. Dalmau- ELKAR : *"Une méthode de ré-ingénierie pour la mise en oeuvre de la coopération"* - INFORSID 2001 (19ème Congrès Informatique des

Organisations et Systèmes d'Information et de Décision) - Edition Inforsid - ISBN : 2-906855-17-0 - pp. 178-193 - Martigny - Suisse - Juin 2001.

[88] M.F. Kaashoek, A.S. Tanenbaum : "*Groupe Communication in the AMOEBA distributed system*". Proc. IEEE 11th Int'l. Conf. On Computer Systems - p.222-230 – Mai 1991.

[89] F. Lebastard : "*CHOOE : Un gestionnaire d'environnement distribué*". Rapport technique 93-22 – Sophia Antipolis – CERMICS - INRIA - Décembre 1993.

[90] R. Balter, S. Krakowiak : "*Objectifs et plan de travail du projet Sirac*". Rapport Sirac 1-95 – IMAG-LSR - Juin 1995.

[91] R. Balter, S. Ben Atallah, R. Kanawati, M. Riveill : "*Collecticiels synchrones: analyse des besoins et étude des architectures*". Rapport Technique 9-96, LSR-IMAG, Projet Sirac, mars 1996.

[92] L. Bellissard, S. Ben Atallah, F. Boyer, M. Riveil : "*Distributed Application Configuration*". Proc. 16th Int'l Conf. on Distributed Computing Systems - pp. 579-585 - IEEE Computer Society - Hong-Kong - May 1996.

[93] F. Boyer, E. Lenormand, V. Marangozov : "*Un modèle d'événement pour le support de la coordination dans un système à objets répartis*". Rapport Sirac 10-96 – Février 1996.

[94] A. Geppert, D. Tombros : "*Event-based Distributed Workflow Execution with EvE*". Proc. of the Middleware '98 - The Lake District – Angleterre - Septembre – 1998.

[95] N. Belkhatir, W.L. Melo : "*The Need to a Cooperative Model : The Adele/Tempo Experience*". 9ème Software Process Workshop – IEEE Press - Octobre 1994.

[96] W. Feiyi, R. Upppalli : "*SITAR: a scalable intrusion-tolerant architecture for distributed services - a technology summary*", DARPA Information Survivability Conference and Exposition, 2003. Proceedings Volume: 2, pp : 153- 155. SBN: 0-7695-1897-4

[97] B. Warboys, B. Snowdon, R. M. Greenwood, W. Seet, I. Robertson, R. Morrison, D. Balasubramaniam, G. Kirby, K. Mickan. : "*An Active-Architecture Approach to COTS Integration*". IEEE Software, Volume 22 Issue 4, July 2005, pp : 20-27. ISSN 0740-7459

[98] S. Laplace : "*Conception d'Architectures Logicielles pour intégrer la qualité de service dans les applications multimédias réparties*". Thèse de l'université de Pau est des Pays de l'Adour soutenue le 11 mai 2006.

[99] E. Bouix : "*Modèles de flux et de composants pour applications multimédias didtribuées dynamiquement reconfigurables*". Thèse de l'université de Pau est des Pays de l'Adour soutenue le 29 novembre 2007

[100] M. Cremene, M. Riveill, C. Martel, C. Loghin, C. Miron : "*Adaptation dynamique de service*". In Eybens ISBN 2-7261-1276-5 NetPrint, editor, 1ère Conférence Francophone sur le Déploiement et la (Re)Configuration de Logiciels (DECOR), pages 53-64, LSR-IMAG, Grenoble, 28-29 octobre 2004.

[101] P. Oreizy, M. M. Gorlick, R. N. Taylor, D. Heimbigner, G. Johnson, N. Medvidivic, A. Quilici, D. S. Rosenblum, A. L. Wolf : "*An architecture-based approach to self-adaptative software*". IEEE Intelligent Systems, vol 14 n°3, pp : 54-62. Mai/Juin 1999.

[102] P. Oreizy, N. Medvidivic, R. N. Taylor : "*Architecture-based runtime software evolution*". Proceedings of the international conference on software engineering (ICSE'98). Pp : 177-186, Kyoto, Japon, Avril 19-25 1998.

[103] P. Maes : "*Concepts and experiments in computational reflection*". In proceedings of the conference on object-oriented systems, languages and applications (OOPSLA'87), pp : 147-155. Orlando, Florida 1987.

[104] J. Bardbury, J. Cordy, J. Dingel, M. Wermelinger : "*A survey of self-management in dynamic software architecture specification*". Proceedings of the 2th workshop on self-healing systems. ACM digital library, 2004.

[105] Sophie Laplace, Marc Dalmau, Philippe Roose : "*Kalinahia : modèle de qualité de service pour les applications multimédia reconfigurables*" - Numéro Spécial Revue ISI "Conception : patrons et spécifications formelles" - Volume 4, 2007.

[106] Dalmau Marc , Laplace Sophie , Roose Philippe : "*Gestion de la QdS des applications réparties par adaptation dynamique au contexte*" - Action Spécifique CNRS-GET - Systèmes répartis et réseaux adaptatifs au contexte - AS 150 (RTP 1 Réseaux et RTP 5 Systèmes Répartis) - 1er Avril 2004 - CNAM/Paris

[107] G. Blakowski, R. Steinmetz : "*A Media Synchronization Survey: Reference Model, Specification, and Case Studies*". IEEE Journal on Selected Areas in Communications, vol. 14, n°1, pp. 5-35, janvier 1996.

[108] E. Bouix, P. Roose, M. Dalmau : "*The Korrontea Data Modeling*" - Ambi Sys 2008 - International Conference on Ambient Media and Systems - 11/14 february, Quebec City, Canada, 2008.

[109] E. Bouix, M. Dalmau, P. Roose, F. Luthon : "*A Multimedia Oriented Component Model*". AINA 2005 - The IEEE 19th International Conference on Advanced Information Networking and Applications - Tamkang University, Taiwan - March 28-30, 2005

[110] E. Bouix, P. Roose, M. Dalmau : "*A model for components used for transporting and handling synchronous information flows*". ICSSEA 2004, 17th International Conference on Software and Systems Engineering and their Applications - Paris, France - November 30 and December 1-2, 2004

[111] E. Bouix, M. Dalmau, P. Roose, F. Luthon : "*A Component Model for transmission and processing of Synchronized Multimedia Data Flows*". DFMA 05 (IEEE Int'l Conference - The First International Conference on Distributed Frameworks for Multimedia Applications) - IEEE Computer Society Press - ISBN: 0-7695-2273-4, pp. 45-53, Besancon, France - February 6-9, 2005

[112] É. Garcia, J-C. Lapayre, F. Renard, T. Ba : "*CALiF multimédia : une plate-forme à objets pour le développement de télé-applications multimédia*" in Réseaux et Systèmes Répartis Calculateurs Parallèles, numéro spécial Télé-Applications, Hermès Science, 2001, vol.13, n°2, mars 2001, p 295 –318.

[113] J.A. Zinky, D.E. Bakken, R.D Schantz.: "*Architectural Support for Quality of Service for CORBA Objects*". Theory and practice of Object Systems, vol. 3 (1), John Wiley & Sons, Inc.,1997.

[114] I. Demeure : "*Une contribution à la conception et à la mise en œuvre d'applications sous contraintes de QoS temporelle, réparties, adaptables*". H.D.R., Discipline : Informatique, Université des Sciences et Technologies de Lille, décembre 2002.

[115] W. Zhu, N. Georganas : "*JQoS : Design and Implementation of a QoS-based Internet Videoconferencing System using Java Media Framework (JMF)*". CCECE'2001, Canadian Conference on Electrical and Computer Engineering, Toronto, Canada.

[116] B. Li, D. Xu, K. Nahrstedt : "*An integrated runtime QoS-aware middleware framework for distributed multimedia applications*". Multimedia Systems, 8, p. 420-430, Springer-Verlag 2002.

[117] N. Medvidovic and R. N. Taylor : "*A classification and comparison framework for software architecture description languages*". IEEE Trans. on Software Engineering, vol 26 n° 1, pp:70–93, janvier 2000.

[118] M. R. Garey, D. S. Johnson : "*Computers and Interactability: A guide to the theory of NP-completeness*", W. H. Freeman and Company, San Francisco, 1979.

[119] F. Kuipers, P. van Mieghem : "*MAMCRA: a constrained-based multicast routing algorithm*", Proc. of Computer Communications, vol. 25, pp.802-811, 2002.

[120] C. Louberry, P. Roose, M. Dalmau : "*Heterogeneous component interactions: Sensors integration into multimedia applications*" - Journal of Networks, Issue N°6, Academy Publisher (http://www.academypublisher.com/index.html) - ISSN : 1796-2056 – 2007.

[121] C. Louberry Christine, P. Roose, M. Dalmau : "*Towards sensor integration into multimedia applications*" - 4th European Conference on Universal Multiservice Networks ECUMN'2007 - Toulouse, France - 12-14 February, 2007 - IEEE Computer Society Press ISBN : 0-7695-2768-X pp. 355-363

[122] P. Roose, M. Dalmau, C. Louberry : "*A unified components model for sensor integration into multimedia applications*". ACM SIGPLAN - Workshop at OOPSLA 'Building Software for Sensor Networks' - Portland, Oregon (USA) - 22-26 October 2006

[123] C. Louberry, M. Dalmau, P. Roose : "*Architecture Logicielles pour des Applications hétérogènes, distribuées et reconfigurables*" - 8ème Conférence Internationale sur les NOuvelles TEchnologies de la REpartition(NOTERE 2008) - Lyon, Juin 2008.

[124] P. Jacquet et al. : "*Optimized Link State Routing Protocol*". RFC 3626, Projet Hipercom, INRIA, octobre 2003.

[125] E. Souto, et al. : "*A Message-Oriented Middleware for Sensor Networks*". Proc. 2nd Int'l Workshop MPAC 04, ACM Press, 2004, pp. 127-134.

[126] P. Levis, D. Culler, "*Mate: Tiny Virtual Machine for Sensor Networks*". Proc. 10th Int'l Conf. ASPLOS-X, ACM Press, 2002, pp. 85-95.

[127] R. Barr, et al., *"On the Need for System-Level Support for Ad hoc and Sensor Networks"*. Operating Systems Review, ACM, vol. 36, no. 2, pp. 1-5, April 2002.

[128] J. S. Rellermeyer, G. Alonso : *"Concierge: A Service Platform for Resource-Constrained Devices"*. EuroSys 2007, Lisbon, 21-23 March 2007

[129] M. R. Marty, M.D Hill : *"Virtual hierarchies"*. IEEE Micro, Janv.-Fev. 2008, Vol 28, n° 1, pp : 99-109. ISSN: 0272-1732

[130] BOSH : *"CAN specification version 2.0"*. Septembre 1991, Robert Bosch GmbH, Postfach 30 02 40, D-70442 Stuttgart. http://www.semiconductors.bosch.de/pdf/can2spec.pdf.

[131] A. Geist, A. Beguelin, J. J. Dongarra, W. Jiang, R. Manchek, V. S. Sunderam : *"PVM 3 user's guide and reference manual. Technical Report ORNL/TM-12187"*, Oak Ridge National Laboratory, May 1993. http://www.csm.ornl.gov/pvm/pvm_home.html

[132] R. Namyst, J.F. Méhaut. PM^2 : *"Parallel Multithreaded Machine: A Computing Environment for Distributed Architectures"*, ParCo'95 (PARallel COmputing) Gent Belgium, Elsevier Science Publishers, September 1995.

[133] MPI Forum : *"MPI: A message passing interface standard"* http://www.mpi-forum.org/docs/mpi21-report.pdf

[134] P. V. Rangan, S. S. Kumar, S. Rajan : *"Continuity and Synchronization in MPEG"*. IEEE Journal on Selected Areas in Communications, vol.14, n°1, pp.52-60, janvier 1996.

[135] ISO/IEC JTC1/SC29/WG11 N6828 : *"MPEG-7 Overview"*. Palma de Mallorca, October 2004, Ed : José M. Martínez http://www.chiariglione.org/mpeg/

[136] Sun Microsystems : *"Java Media Framework API Guide"*. novembre 1999.

[137] Andrew Krause : *"Foundations of GTK+ development"*. The experts voice in open source, Apress, ISBN 9781590597934

[138] Johan Thelin : *"Foundations of Qt Development"* The experts voice in open source, Apress, ISBN 9781590598313

[139] J. Coutaz, L. Nigay : *"Architecture logicielle conceptuelle des systèmes interactifs"*, Analyse et conception de l'IHM, Hermès 2001 Chapitre 7.

Une maison d'édition scientifique

vous propose

la publication gratuite

de vos articles, de vos travaux de fin d'études, de vos mémoires de master, de vos thèses ainsi que de vos monographies scientifiques.

Vous êtes l'auteur d'une thèse exigeante sur le plan du contenu comme de la forme et vous êtes intéressé par l'édition rémunérée de vos travaux? Alors envoyez-nous un email avec quelques informations sur vous et vos recherches à: info@editions-ue.com.

Notre service d'édition vous contactera dans les plus brefs délais.

Éditions universitaires européennes
est une marque déposée de
Südwestdeutscher Verlag für
Hochschulschriften GmbH & Co. KG
Dudweiler Landstraße 99
66123 Sarrebruck
Allemagne

Téléphone : +49 (0) 681 37 20 271-1
Fax : +49 (0) 681 37 20 271-0
Email : info[at]editions-ue.com
www.editions-ue.com

www.ingramcontent.com/pod-product-compliance
Lightning Source LLC
LaVergne TN
LVHW042339060326
832902LV00006B/264